Elisabeth

First German Reader (Volume 2)
bilingual for speakers of English

Elementary Level

LANGUAGE
PRACTICE
PUBLISHING

We strive to avoid typos and inaccuracies. However, on occasion we make mistakes. We value your contributions and help in correcting them. To report typos or inaccuracies, please mail to editor@lppbooks.com
Editor Natalia Kolobanova
Copyright © 2013 by Language Practice Publishing
All rights reserved. This book is in copyright.

Inhaltsverzeichnis
Table of contents

Chapter 1 The Sick Cat 4
Chapter 2 The Hamster Saved Itself 7
Chapter 3 A Rescuer 11
Chapter 4 A Nanny with a Tail 14
Chapter 5 A Talking Cat 16
Chapter 6 Sleepy Guest 19
Chapter 7 The Dog Isn't Guilty 21
Chapter 8 The Suitcases 24
Chapter 9 Professor Leonidas 27
Chapter 10 At the Dentist 30
Chapter 11 Justice Triumphs! 33
Chapter 12 Where is the Sea? 37
Chapter 13 A Small Job 41
Kapitel 14 Halt! 44
Kapitel 15 Ein Wunderbares Geschenk 47
Kapitel 16 Geständnisse in einem Briefkuvert 50
Kapitel 17 Eine Spezialität des Hauses 55
Kapitel 18 Tulpen und Äpfel 58
Kapitel 19 Torte 61
Kapitel 20 Exotisches Abendessen 64
Kapitel 21 Hochkunst 67
Kapitel 22 Frühjahrsputz 71
Kapitel 23 Beiges Taxi 74
Kapitel 24 Weihnachtsbaum 78
Kapitel 25 Großes Feuer 81
Kapitel 26 Vorsicht, Wütender Hund! 84
Kapitel 27 Der Fehler von Mars 87
Kapitel 28 Sich Vordrängeln 90
Kapitel 29 Sitzplatz Nummer Dreizehn 93
Kapitel 30 Hausaufgabe 96
German-English Dictionary 99
English-German Dictionary 116
Recommended Books 134

1

Der Kranke Kater
The Sick Cat

A

Vokabel
Words

1. Abend, der - evening
2. aber - but
3. alle - all
4. alles - everything
5. anderen - other
6. antwortet - answers
7. atmend - breathing
8. auch - also
9. auf, bei, zu - at
10. aufstehen - get up
11. beinahe - almost
12. beobachtet - watching
13. Besitzer, der - owner
14. bewegen - move
15. Blick, der - gaze
16. dann - then
17. dass - that
18. der, die, das - the
19. dort - there
20. du, Sie - you
21. eigener - own
22. ein - a
23. ein - one
24. er - he
25. erinnern - remember
26. es - it
27. essen - eat
28. fröhlicher - happy
29. ganz - whole
30. geht - goes
31. genau - closely
32. gesund - healthy
33. gleich hier - right here
34. glücklich - glad
35. groß - big
36. gut - well
37. hat - has
38. Haustier, das - pet

39. heraus - out
40. heute - today
41. hier - here
42. ich - I
43. ich bin - I'm
44. ich werde - I'll
45. Impfungen, die - vaccinations
46. in - in
47. in, nach, zu - to
48. interessant - interesting
49. interessanteste - most interesting
50. ist - is
51. ist nicht - isn't
52. jetzt - now
53. Käfig, der - cage
54. Kater, der - cat
55. kauft - buys
56. kein, nicht - no
57. keine Sorge - don't worry
58. klar - clear
59. klein - little
60. kommen - come
61. komplett - absolutely
62. krank - sick
63. Küche, die - kitchen
64. Laden, der - shop
65. lassen - leave
66. legt sich hin - lies
67. liegend - lying
68. manchmal - sometimes
69. Maus, die - mouse
70. mit - with
71. nach unten - down
72. natürlich - of course
73. nicht - not
74. nimmt an - supposes
75. noch einmal - again
76. nur - only
77. nur, gerade - just
78. oh - ooh
79. ohne - without
80. Ort, der - place
81. passiert - happened
82. Ratten, die - rats

83. rennt - run
84. ruft an - phones
85. sagt - says
86. sagt - telling
87. schläft - sleep
88. sehen - see
89. sehen, schauen - look
90. sehr - very
91. sein, ihr - its
92. seltsam - strange
93. sich freuen - be glad
94. sie, ihnen - them
95. sind - are
96. so - so
97. sollte - should
98. Sorge, die - worry
99. später - later
100. spielen - play
101. Spielzeuge, die - toys
102. spricht - taking
103. Tag, der - day
104. traurig - upset
105. traurig - sadly
106. tue nicht - don't
107. tut - does
108. tut nicht - doesn't
109. überrascht - surprised
110. und - and
111. Verkäufer, der - salesman
112. viel, viele - a lot
113. vielleicht - maybe
114. von - from
115. vor - in front of
116. vorgeschriebenen - required
117. Wahrheit, die - truth
118. wann - when
119. war - was
120. warum - why
121. was - what
122. werden - will
123. Woche, die - week
124. würde - would
125. Zuhause, das - home
126. zwei - two

B

Der Kranke Kater

Robert geht in eine Tierhandlung. Er kauft einen kleinen Kater. Er freut sich sehr. Aber eine Woche später ruft Robert die Tierhandlung an und sagt, dass der Kater krank sei. Er renne nicht und spiele nicht.
„Das ist seltsam!", sagt der Verkäufer. „Der Kater ist komplett gesund. Er hat alle vorgeschriebenen Impfungen bekommen! Ich kann mich gut daran erinnern, was für ein fröhlicher Kater er war."
„Ich bin auch sehr überrascht!", sagt Robert. „Aber jetzt liegt er den ganzen Tag nur an einem Ort und bewegt sich kaum."
„Vielleicht schläft er viel?", nimmt der Besitzer der Tierhandlung an.
„Nein, er schläft nicht", antwortet Robert traurig. „Er liegt nur herum und bewegt sich nicht. Er kommt nur manchmal in die Küche um zu fressen. Aber dann legt er sich wieder hin und steht nicht auf."
Der Besitzer der Tierhandlung merkt, dass Robert sehr traurig ist.
„Keine Sorge. Ich werde heute bei Ihnen vorbeikommen und werde nachsehen, was mit dem Kater passiert ist", sagt er.
Er kommt am Abend zu Robert nach Hause und sieht sich den Kater an. Er sieht, dass Robert die Wahrheit sagt. Der Kater rennt nicht und spielt nicht. Er liegt nur herum und bewegt sich kaum... und vor ihm steht ein großer Käfig mit zwei Ratten - Roberts anderen Haustieren. Der Kater liegt am Boden und atmet kaum - er beobachtet die Ratten ganz genau, ohne seinen Blick von ihnen zu wenden.
„Oh", sagt der Besitzer der Tierhandlung. „Jetzt ist natürlich alles klar. Warum sollte er herumrennen und spielen, wenn das interessanteste Spielzeug gleich hier ist. Welcher Kater würde freiwillig eine Maus alleine lassen?"

The Sick Cat

Robert goes to a pet shop. He buys a little cat. He is very glad, but a week later Robert phones the pet shop and says that the cat is sick. It does not run and play.
"That is strange!" the salesman says, "The cat is absolutely healthy. It has all the required vaccinations! I remember well what a happy cat it was."
"I'm also very surprised!" Robert says, "But now it lies in one place the whole day and almost doesn't move."
"Maybe it sleeps a lot?" the pet shop owner supposes.
"No, it doesn't sleep," Robert answers sadly, "It just lies and doesn't move. Only sometimes it comes to the kitchen to eat. But then it lies down again and doesn't get up."
The owner of the pet shop sees that Robert is very upset.
"Don't worry. I'll come to you today and I will see what happened to the cat," he says.
He comes to Robert's home in the evening to look at the cat. He sees that Robert is telling the truth. The cat doesn't run and play. It lies and almost doesn't move... and in front of it there is a big cage with two rats - Robert's other pets. The cat is lying down and almost isn't breathing - it is watching the rats so closely without taking its gaze from them.
"Ooh," the owner of the pet shop says, "Of course, everything is clear now. Why should it run and play when the most interesting toys are right here. What cat would leave a mouse out of its own will?"

2

Der Hamster Rettete Sich Selbst
The Hamster Saved Itself

A

Vokabel
Words

1. aktiv - active
2. anbieten - offer
3. Angst haben - be afraid
4. Anns - ann's
5. Aquarium, das - aquarium
6. auch - too
7. aufhellen - improve
8. aufhören - stop
9. beginnt - starts
10. bei, an - by
11. bekannt - acquainted
12. besser - better
13. besucht - pays a visit
14. besucht - visit
15. Bett, das - bed
16. bin - am
17. Blumen, die - flowers
18. brauche - need
19. bringt - brings
20. danken - thank
21. dein - your
22. denkt - thinks
23. diese - these
24. diese - this
25. draußen - outside
26. du bist, Sie sind - you're
27. ein - an
28. erzählt - tells
29. es scheint - seems
30. etwas - something
31. Fall, der - case
32. Fisch, der - fish

33. Freunde, die - friends
34. fröhlich - cheerful
35. Früchte, die - fruits
36. fühlt - feels
37. für - for
38. gemeinsam - common
39. genau - exactly
40. gerettet - saved
41. gerne etwas tun - like
42. gerne haben - likes
43. Geschenk, das - present
44. Geschenke, die - gifts
45. Geschichte, die - story
46. gut - good
47. haben - have
48. hallo - hello
49. hallo - hi
50. Hamster, der - hamster
51. Haus, das - house
52. heißt - named
53. helfen - help
54. hoffe - hope
55. ich würde - I'd
56. ihn, ihm - him
57. immer - always
58. immer noch - still
59. in - into
60. jeden - every
61. jedoch - however
62. kaufen - buy
63. kommt - comes
64. kommt aus - gets off
65. können - can
66. krank - ill
67. lächelt - smiles
68. lachen - laugh
69. lachend - laughing
70. lacht - laughs
71. Laufen, das - running
72. Laufrad, das - wheel
73. laut - loudly
74. leise - quiet
75. meine - my
76. merkt - realizes

77. mir, mich - me
78. Morgen, der - morning
79. Nacht, die - night
80. neu - new
81. normalerweise - usually
82. oder - or
83. putzt sich - cleaning
84. Roberts - robert's
85. schaut an - looks
86. schenken - give
87. schlafen - sleep
88. schlafend - sleeping
89. schläft - asleep
90. schläft - sleeps
91. schon - already
92. setzt sich - sits
93. sich - herself
94. sich - itself
95. sie - she
96. sie, ihr - her
97. sieht - sees
98. sitzt - sitting
99. sofort - immediately
100. sogar - even
101. spät - late
102. starrt - stares
103. Stimmung, die - mood
104. Süßigkeiten, die - sweets
105. Tier, das - animal
106. trinkend - drinking
107. Trinkschale, die - cup
108. trinkt - drinks
109. tut ihr leid - feels sorry
110. über - about
111. überraschen - surprise
112. umarmt - hugs
113. unsere - our
114. verjagt - chases
115. viel - much
116. wacht auf - wakes up
117. Wasser, das - water
118. weg - away
119. weh tun - hurt
120. weiß - knows

121.	wie - how		125.	wollen - want
122.	will - wants		126.	zeigt - shows
123.	wir - we		127.	Zimmer, das - room
124.	wirklich - really			

B

Der Hamster Rettete Sich Selbst

Roberts Freundin Ann ist krank. Robert besucht Ann jeden Tag. Manchmal bringt Robert ihr Geschenke. Normalerweise bringt er ihr Blumen, Früchte oder Süßigkeiten. Aber heute möchte er sie überraschen. Robert weiß, dass Ann Tiere sehr gerne hat. Ann hat bereits einen Kater, der Tom heißt. Tom ist jedoch normalerweise draußen. Und Robert möchte Ann ein Tier schenken, dass immer zu Hause ist. Robert geht in eine Tierhandlung.
„Hallo", sagt Robert zu einem Verkäufer in der Tierhandlung.
„Hallo", antwortet der Verkäufer, „wie kann ich Ihnen helfen?"
„Ich würde gerne ein Tier für meine Freundin kaufen", sagt Robert. Der Verkäufer denkt nach.
„Ich kann Ihnen ein Aquarium mit Fischen anbieten", sagt der Verkäufer. Robert schaut das Aquarium mit den Fischen an.
„Nein. Ein Fisch ist zu leise, und Ann ist fröhlich und aktiv", antwortet Robert. Der Verkäufer lächelt.
„In diesem Fall wird sich Ihre Freundin über dieses Tier freuen", sagt der Verkäufer und zeigt einen kleinen Hamster. Robert lächelt.
„Sie haben recht", sagt Robert, „das ist genau was ich brauche!"
Robert kauft zwei Hamster. Er kauft auch einen Käfig. Im Hamsterkäfig gibt es alles - eine Trinkschale, ein Rad zum Laufen, und sogar einen kleinen Schlafplatz.
Am Abend geht Robert zu Ann.
„Hallo Ann", sagt Robert. „Wie geht es dir?"

The Hamster Saved Itself

Robert's friend Ann is ill. Robert pays a visit to Ann every day. Sometimes Robert brings gifts for her. He usually brings her flowers, fruits or sweets. But today he wants to surprise her. Robert knows that Ann likes animals very much. Ann already has a cat named Tom. However Tom is usually outside. And Robert wants to give Ann an animal that will always be at home. Robert goes to a pet shop.
"Hello," Robert says to a salesman at the pet shop.
"Hello," the salesman answers, "How can I help you?"
"I'd like to buy an animal for my friend," Robert says. The salesman thinks.
"I can offer you an aquarium fish," the salesman says. Robert looks at the aquarium fish.
"No. A fish is too quiet, and Ann is cheerful and active," Robert answers. The salesman smiles.
"In this case, your friend will be glad to get this animal," the salesman says and shows a little hamster. Robert smiles.
"You're right," Robert says, "This is exactly what I need!"
Robert buys two hamsters. He also buys a cage. There is everything in the hamster house - a cup for drinking, a wheel for running, and even a little bed.
In the evening Robert comes Ann's.
"Hi Ann," Robert says, "How are you?"
"Hi Robert," Ann answers, "I am much

„Hallo Robert", antwortet Ann. „Heute geht es mir schon viel besser."
„Ann, ich möchte wirklich gerne deine Stimmung aufhellen", sagt Robert. „Ich hoffe, du magst dieses Geschenk."
Ann sieht Robert überrascht an. Robert zeigt Ann den Käfig mit den Hamstern. Ann beginnt zu lachen. Sie umarmt Robert.
„Danke, Robert!" Ich mag Hamster sehr. „Manchmal habe ich das Gefühl, dass wir etwas gemeinsam haben", sagt Ann. Robert lacht auch. Spät am Abend geht Robert nach Hause. Ann geht zu Bett. Der Kater Tom kommt in Anns Zimmer.
„Tom, mach dich bekannt. Das sind unsere neuen Freunde - die Hamster Willy und Dolly", erzählt Ann dem Kater. Tom setzt sich neben den Käfig und starrt die Hamster an. Dolly schläft bereits und Willy rennt im Laufrad.
„Tom, tu unseren neuen Freunden nicht weh. Schlaft gut", sagt Ann. Ann geht schlafen. Am nächsten Morgen wacht Ann auf und sieht, dass Tom neben dem Käfig sitzt. Dolly putzt sich und Willy rennt immer noch im Laufrad. Ann merkt, dass der Kater die ganze Nacht bei dem Käfig gesessen ist und Willy beobachtet hat. Und Willy hatte Angst aufzuhören zu rennen. Willy tut Ann leid. Sie verjagt Tom vom Käfig. Willy kommt aus dem Laufrad, geht zur Trinkschale und trinkt. Der Hamster fällt sofort danach um und schläft ein. Er schläft den ganzen Tag. Am Abend kommt Robert und Ann erzählt ihm die Geschichte vom Hamster. Robert und Ann lachen laut. Der Hamster Willy wacht auf und starrt sie an.

better today."
"Ann, I really want to improve your mood," Robert says, "I hope you like this present."
Ann looks at Robert in surprise. Robert shows Ann the cage with the hamsters. Ann starts laughing. She hugs Robert.
"Thank you, Robert! I like hamsters very much. Sometimes it seems to me that we have something in common," Ann says.
Robert laughs too. Robert goes home late at night. Ann goes to bed. The cat Tom comes into Ann's room.
"Tom, get acquainted. These are our new friends - hamsters named Willy and Dolly," Ann tells the cat. Tom sits down by the cage and stares at hamsters. Dolly is already sleeping, and Willy is running in the wheel.
"Tom, don't hurt our new friends. Good night to you all," Ann says. Ann goes to sleep.
In the morning Ann wakes up and sees that Tom is sitting by the cage. Dolly is cleaning herself, and Willy is still running in the wheel. Ann realizes that the cat was sitting by the cage and was watching Willy the whole night. And Willy was afraid to stop. Ann feels sorry for Willy. She chases Tom away from the cage. Willy gets off the wheel, comes to the water cup and drinks. Then the hamster immediately falls down and falls asleep. It sleeps the whole day. In the evening Robert comes and Ann tells him the story about the hamster. Robert and Ann laugh loudly and the hamster Willy wakes up and stares at them.

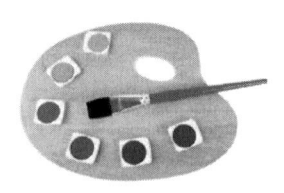

3

Ein Retter
A Rescuer

A

Vokabel
Words

1. Ast, der - branch
2. attackiert - attacks
3. Baum, der - tree
4. beißen - bite
5. beobachtet - watches
6. Besitzer, die - owners
7. braucht - needs
8. College, das - college
9. einem anderen - another
10. einige - some
11. Entschuldigen Sie - Excuse me
12. ersten - first
13. fragt - asks
14. Freund, der - friend
15. Futter, das - food
16. gehend, spazierend - walking
17. geneigt - tilted
18. Gepard, der - cheetah
19. Geschwindigkeit, die - speed
20. halten - hold
21. Haustiere, die - pets
22. heißt - called
23. Hund, der - dog
24. ihr, ihre - their
25. in der Nachbarschaft - neighboring
26. joggen - jogging
27. kann nicht - can't
28. klettert - climbs
29. Knurren, das - growl
30. knurrt - growls
31. Kopf, der - head
32. kümmerst - care
33. lecker - tasty
34. Leine, die - leash

11

35. leise - quietly
36. liebt - loves
37. Mädchen, das - girl
38. mit dem Hund Gassi gehen - walk the dog
39. Moment, der - moment
40. Morgen, der - morning
41. nach - after
42. nächsten - nearest
43. Name, der - name
44. nennt - calls
45. Park, der - park
46. passiert - going on
47. Problem, das - problem
48. rennt - runs
49. Retter, der - rescuer
50. schnell - quickly
51. schreit - cries
52. sein - his
53. seines Katers - cat's
54. Seite, die - side
55. springt - jumps
56. Supermarkt, der - supermarket
57. tapfere - brave
58. treffen - meet
59. vergisst - forgets
60. versteht - understand
61. Verwandte, der - relative
62. wärst - were
63. wenn - if
64. wie - as
65. wild - furiously
66. wütend - furious
67. Zeit, die - time
68. zu - towards
69. zurück - back

B

Ein Retter

Roberts Freund David hat auch einen Kater. Er liebt seinen Kater sehr. Der Name seines Kater ist Mars. David nennt ihn „Buddy". David geht jeden Tag nach dem College in den Supermarkt, um leckeres Futter für den Kater zu kaufen. An einem Tag sagt Robert zu David: „Du kümmerst dich um deinen Kater, als ob du mit ihm verwandt wärst."
David lächelt und erzählt ihm seine Geschichte. Jeden Morgen geht David im Park in der Nachbarschaft joggen. Zu dieser Zeit gehen die Haustierbesitzer mit ihren Haustieren im Park Gassi. Einmal sieht David ein kleines Mädchen auf ihn zurennen, das einen großen Hund an der Leine hat.
„Herr, Herr!", schreit das Mädchen. David glaubt, dass das Mädchen ein Problem hat und Hilfe braucht. Er geht schnell, um das Mädchen mit dem Hund zu treffen.
„Was ist passiert?" fragt David. Das Mädchen

A Rescuer

Robert's friend David has a cat too. He loves his cat very much. His cat's name is Mars. David calls him "Buddy." David comes into the supermarket every day after college and buys some tasty food for the cat. One day Robert says to David: "You care about your cat as if he were a relative."
David smiles and tells his story. David goes jogging in the neighboring park every day in the morning. Pet owners are walking their pets in the park at this time. One time David sees a little girl running towards him with a big dog on a leash.
"Mister, Mister!" the girl cries. David thinks that the girl has a problem and she needs help. He goes quickly to meet the girl with the dog.
"What happened?" David asks. The girl and the dog run up to David.

und der Hund rennen zu David.
„Entschuldigen Sie, Herr, aber mein Hund wird Sie gleich beißen! Ich kann ihn nicht aufhalten", sagt das Mädchen. Im ersten Moment versteht David nicht, was gerade passiert. Aber als der Hund ihn angreift und wild knurrt, rennt David mit der Geschwindigkeit eines Geparden zum nächsten Baum. In diesem Moment springt ein großer Kater aus dem Baum und rennt auf die Seite. Der Hund vergisst David sofort und jagt knurrend den Kater. Der Kater rennt schnell zu einem anderen Baum und klettert auf ihn. Der Hund springt mit einem wütenden Knurren, aber er kann den Kater im Baum nicht erwischen. Dann legt sich der Kater leise auf einen Ast und beobachtet, mit dem Kopf zur Seite geneigt, still den Hund. Der tapfere Kater heißt jetzt Mars.

"Excuse me, Mister, but my dog will bite you right now! I can't hold it back," the girl says. At first David doesn't understand what is going on. But when the dog attacks him and furiously growls, David runs to the nearest tree with the speed of a cheetah. At this moment a big cat jumps down from the tree and runs to the side. The dog forgets about David immediately and chases the cat with a growl. The cat quickly runs to another tree and climbs it. The dog jumps with a furious growl, but can't get the cat in the tree. Then the cat lies down quietly on a branch and, with his head tilted to the side, quietly watches the dog. This brave cat is now called Mars.

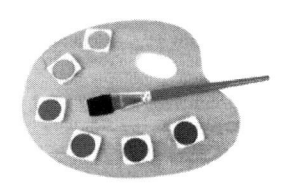

4

Ein Kindermädchen mit Schweif
A Nanny with a Tail

A

Vokabel
Words

1. Aufzug, der - elevator
2. außerdem - besides
3. bemerkt - notices
4. benutzt - uses
5. bittet - asking
6. Boden, der - floor
7. dicker - fatter
8. einen Spalt offen stehen - ajar
9. fängt - catches
10. Frau, die - woman
11. gehorsam - obedient
12. glaubt - believes
13. Hausarbeit, die - chores
14. hilft - helps
15. in letzter Zeit - lately
16. irgendwo - somewhere
17. jung - young
18. Kind, das - child
19. kleines - small
20. kommt zurück - returns
21. lässt - let
22. lebt - lives
23. machen - do
24. macht - doing
25. Mäuse, die - mice
26. miaut - meows
27. Mittagessen, das - lunch
28. nie - never
29. nimmt - takes
30. obwohl - although
31. ruhig - calm
32. Schweif, der - tail
33. Sofa, das - couch
34. Sohn, der - son

35. spielt - plays
36. steichelt - petting
37. Stiegen, die - stairs
38. Tür, die - door
39. unruhig - restless
40. Vergnügen, das - pleasure
41. verstcht - understands
42. Vögel, die - birds
43. wird - getting
44. Wohnung, die - apartment
45. Wohnzimmer, das - living
46. zehnten - tenth

B

Ein Kindermädchen mit Schweif

Der Kater Mars ist sehr gehorsam und ruhig, obwohl er in letzter Zeit immer irgendwo hinrennt. David bemerkt, dass Mars jeden Tag dicker wird. David glaubt, dass der Kater Vögel und Mäuse fängt. Eines Tage kommt David nach Hause; er lebt im zehnten Stock, aber benutzt nie den Aufzug. Er geht die Treppe hinauf und sieht, dass die Tür zur Nachbarwohnung einen Spalt offen steht. David sieht eine junge Frau, die den Boden des Wohnzimmers aufwäscht. David kennt sie. Ihr Name ist Maria. Ein kleines Kind sitzt gerade auf dem Sofa im Wohnzimmer und streichelt den Kater Mars. Mars miaut mit Vergnügen.
„Guten Abend, Maria. Entschuldigen Sie bitte, was macht mein Kater in Ihrer Wohnung?", fragt David die Frau.
„Guten Tag, David. Wissen Sie, mein Kind ist sehr unruhig. Es lässt mich nicht die Hausarbeit machen. Mein Sohn bittet mich immer, mit ihm zu spielen. Ihr Kater hilft mir. Er spielt mit meinem Sohn", antwortet Maria. David lacht.
„Außerdem bekommt er immer ein leckeres Mittagessen von mir!", sagt die Frau. David versteht jetzt, warum sein Kater jeden Tag dicker und dicker wird.

A Nanny with a Tail

The cat Mars is very obedient and calm. Although lately it is always running off somewhere. David notices that Mars is getting fatter every day. David believes that the cat catches birds and mice. One day David returns home; he lives on the tenth floor, but never uses an elevator. He takes the stairs up and sees that a door to a neighboring apartment is ajar. David sees a young woman cleaning the floor in the living room. David knows her. Her name is Maria. A small child is sitting on the couch in the living room and petting the cat Mars. Mars meows with pleasure.
"Good day, Maria. Excuse me, what is my cat doing at your place?" David asks the woman.
"Good day, David. You see, my child is very restless. He doesn't let me do chores. My son is always asking me to play with him. Your cat helps me. It plays with my son," Maria answers. David laughs.
"Besides, he always gets a tasty lunch from me!" the woman says. David understands now why his cat is getting fatter and fatter every day.

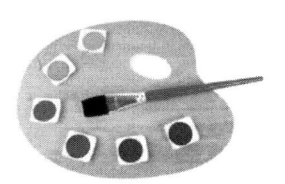

5

Ein Sprechender Kater
A Talking Cat

A

Vokabel
Words

1. alt - old
2. arbeiten - working
3. aufmerksam - attentively
4. bald - soon
5. beginnt - begins
6. behält - keeps
7. bekommt Angst - gets scared
8. bekreuzigt - crosses
9. bis - till
10. bleibt - stays
11. das ist, so - that's
12. deutlich - distinctly
13. direkt - directly
14. dreht - turns
15. drückt - presses
16. Ecke, die - corner
17. einschlafen - fall
18. einstellen - hire
19. entscheidet - decides
20. ersten - first
21. fordernde - demanding
22. fordert - demands
23. füttern - feed
24. gehen - go
25. gespielt - playing
26. gibt - gives
27. gleichen - same
28. herum - around
29. hören - hear
30. hört - hears
31. in den Augen behalten - glancing
32. jemandem - someone

33. Kinder, die - children
34. Kindermädchen, das - nanny
35. liebt - loves
36. liegt - lies
37. menschlichen - human
38. müde - tired
39. nette - kind
40. nicht mehr - anymore
41. niemand - nobody
42. plötzlich - suddenly
43. Puppe, die - doll
44. Puppenbett, das - doll's
45. Satz, der - phrase
46. sie - they
47. sieht - looking
48. sprechen - speak
49. sprechend - talking
50. spricht - speaks
51. springt - jumps
52. Stimme, die - voice
53. Ton, der - tone
54. Traum, der - dream
55. überzeugt - convinces
56. unzufrieden - discontentedly
57. verängstigter - frightened
58. Verstand, der - mind
59. Vorsicht, die - caution
60. wahr - true
61. während - while
62. wiederholt - repeats
63. wird gehört - heard
64. zudem - moreover
65. zufriedene - satisfied
66. zweifeln - doubt

B

Ein Sprechender Kater

A Talking Cat

Eines Tages entscheidet sich Maria ein Kindermädchen für ihr Kind einzustellen. Das neue Kindermädchen ist eine nette alte Frau. Sie hat Kinder sehr gerne. Am ersten Tag, an dem sie bei Maria arbeitet, bleibt das Kindermädchen bei dem Kind zu Hause. Nur der Kater Mars ist bei ihnen. Nachdem sie spazieren waren und gespielt haben, bringt das Kindermädchen das Kind ins Bett. Sie ist müde und beschließt auch schlafen zu gehen. Aber sobald sie beginnt einzuschlafen, sagt plötzlich jemand laut in einer Ecke des Zimmers: „Füttere mich!" Das Kindermädchen springt überrascht auf. Sie sieht sich um - aber es ist niemand da. Nur der Kater Mars liegt in der Ecke auf einem Puppenbett. Der Kater Mars sieht das Kindermädchen unzufrieden an. Das Kindermädchen beschließt, dass sie nur geträumt hat und will wieder schlafen gehen. Aber aus der gleichen Ecke hört sie wieder deutlich: „Ich möchte essen!" Das Kindermädchen dreht sich um - der Kater schaut aufmerksam und

One day Maria decides to hire a nanny for her child. The new nanny is a kind old woman. She loves children very much. On the first day of working at Maria's, the nanny stays at home with the child. Only Mars the cat is with them. After walking and playing, the nanny takes the child to bed. She is tired and decides to go to sleep also. But as soon as she begins to fall asleep, suddenly someone says loudly in the corner of the room: "Feed me!" The nanny jumps up in surprise. She looks around - there is nobody there. Only the cat Mars lies in the corner in a doll's bed. The cat Mars is looking at the nanny discontentedly. The nanny decides that it was a dream and she wants to go back to sleep. But then from the same corner she distinctly hears again: "I want to eat!" The nanny turns her head - the cat is looking attentively and discontentedly

unzufrieden direkt in ihre Richtung. Die alte Frau bekommt Angst. Sie sieht den Kater eine Zeit lang an, als plötzlich wieder die fordernde Stimme von ihm kommt: „Gib mir etwas zu essen!" Sie bekreuzigt sich, für alle Fälle, und geht in die Küche. Sie gibt dem Kater etwas zu fressen. Sie ist vorsichtig und behält den Kater Mars bis zum Abend in den Augen. Aber der zufriedene Kater schläft und spricht nicht mehr. Maria kommt am Abend zurück nach Hause und die alte Frau erzählt ihr mit verängstigter Stimme, dass der Kater mit einer menschlichen Stimme spreche und Futter fordere. Maria ist sehr überrascht. Sie beginnt daran zu zweifeln, dass das neue Kindermädchen ganz bei Verstand ist. Aber das Kindermädchen überzeugt sie davon, dass die Geschichte wahr ist.
„So war es!", sagt das Kindermädchen. „Hier in dieser Ecke, im Puppenbett, saß der Kater und sagte zu mir 'Gib mir etwas zu essen'! Und noch dazu hat er es wiederholt!", sagt das Kindermädchen.
Und plötzlich versteht Maria, was passiert war. Sie geht zum Puppenbett und nimmt eine kleine Puppe heraus. Maria drückt die Puppe und sie hören den gleichen Satz: „Ich möchte essen!"

directly at her. The old woman gets scared. She looks at the cat for a while, when suddenly the demanding voice is heard from him again: "Give me something to eat!" She crosses herself, just in case, and goes to the kitchen. She gives some food to the cat. She keeps glancing with caution at the cat Mars till the evening. But the satisfied cat sleeps and does not speak anymore.
Maria comes back home in the evening and the old woman tells her in a frightened tone that the cat speaks in a human voice and demands food. Maria is very surprised. She begins to doubt that the new nanny is in her right mind. But the nanny convinces her that it is true.
"That's how it was!" the nanny says, "Here in this corner, in the doll's bed, the cat sits and says to me 'give me something to eat'! Moreover it repeats it!" the nanny says.
And suddenly Maria understands what happened. She comes to the doll's bed and takes a small doll from it. Maria presses the doll and they hear the same phrase: "I want to eat!"

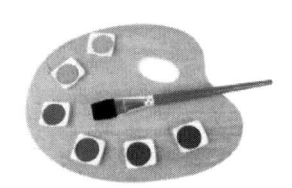

6

Schläfriger Gast
Sleepy Guest

A

Vokabel
Words

1. antworten - answer
2. befestigt - attached
3. Bund, der - bunch
4. des Hundes - dog's
5. drei - three
6. durchschlafen - get a good night's sleep
7. einige - several
8. es ist - it's
9. fed
10. folgendem - following
11. folgt - follows
12. Gast, der - guest
13. geht weiter - continued
14. gelb - yellow
15. Halsband, das - collar
16. Herbst, der - autumn
17. hervorragend, großartig - fine
18. Hof, der - yard
19. Jahre, die - years
20. kommt - coming
21. kommt auf ihn zu - approaches
22. langsam - slowly
23. Mitte, die - middle
24. morgen - tomorrow
25. nehmen - take
26. neugierig - curious
27. Notiz, die - note
28. sammeln - gather
29. schläfrig - sleepy
30. schließlich - finally
31. schon - yet
32. sechs - six
33. sein - be
34. sind nicht - aren't
35. Spaziergang, der - walk
36. streunender - homeless
37. Studien, die - studies
38. Tage, die - days
39. Universität, die - university
40. versucht - trying

41. weiß - know
42. wer - who
43. Wetter, das - weather
44. wo - where
45. wurde - became

B

Schläfriger Gast

Wie gewöhnlich geht Robert draußen spazieren, nachdem er in der Universität war. Das Wetter ist heute schön. Es ist mitten im Herbst. Robert entscheidet sich einen Bund gelber Blätter zu sammeln. Plötzlich sieht er einen alten Hund, der in den Hof kommt. Er sieht sehr müde aus. Er trägt ein Halsband und ist gut gefüttert. Also dachte sich Robert, dass es kein streunender Hund sei und dass man sich gut um ihn kümmere. Der Hund kommt leise auf Robert zu. Robert streichelt ihn am Kopf. Robert sollte sich schon auf den Heimweg machen. Der Hund folgt ihm. Er geht in das Haus; er geht leise in Roberts Zimmer. Dann legt er sich in eine Ecke und schläft ein.
Am nächsten Tag kommt der Hund wieder. Er kommt Robert im Hof entgegen. Dann geht er wieder in das Haus und schläft am gleichen Platz ein. Er schläft ungefähr drei Stunden lang. Dann steht er auf und geht weg.
Das geht einige Tage so weiter. Schließlich wird Robert neugierig und befestigt eine Notiz mit folgendem Text am Hundehalsband: „Ich würde sehr gerne wissen, wer der Besitzer dieses hervorragenden Hundes ist, und, ob er weiß, dass der Hund beinahe jeden Tag zu mir kommt, um zu schlafen."
Am nächsten Tag kommt der Hund wieder und hat die folgende Antwort an seinem Halsband befestigt: „Er lebt in einem Haus, in dem es sechs Kinder gibt, und zwei davon sind noch keine drei Jahre alt. Er versucht nur irgendwo durchzuschlafen. Kann ich morgen auch zu Ihnen kommen?"

Sleepy Guest

As usual after his studies at the university, Robert goes outside to take a walk. The weather is good today. It's just the middle of autumn. Robert decides to gather a bunch of yellow leaves. Suddenly he sees an old dog coming into the yard. It looks very tired. It has a collar on and it is very well-fed. So Robert decides that it is not homeless and that they look after it well. The dog approaches Robert quietly. Robert pets it on the head. Robert should be going back home already. The dog follows him. It comes into the house; slowly comes into Robert's room. Then it lies down in the corner and falls asleep.
The next day the dog comes again. It approaches Robert in the yard. Then it goes into the house again and falls asleep in the same place. It sleeps for about three hours. Then it gets up and goes away somewhere.
This continued for several days. Finally Robert became curious, and he attached a note to the dog's collar with the following: "I would like to know who is the owner of this fine dog, and if he knows that the dog comes to my place almost every day to sleep?"
The next day the dog comes again, and the following answer is attached to its collar: "It lives in a house where there are six children, and two of them aren't three years old yet. It is just trying to get a good night's sleep somewhere. Can I also come to you tomorrow?"

7

Der Hund Ist nicht Schuld
The Dog Isn't Guilty

A

Vokabel
Words

1. acht - eight
2. alle - everybody
3. arbeitet - works
4. Architekt, der - architect
5. aufgeregt - excitedly
6. aufpassen - watch
7. Auto, das - car
8. Bau, der - building
9. Baufirma, die - building firm
10. bekommen - got
11. bellt - barks
12. bellte - barked
13. Bibliothek, die - library
14. bleiben - stay
15. Café, das - café
16. durch - through
17. Ehemann, der - husband
18. fährt - drives
19. Familie, die - family
20. fehlen - missing
21. Fenster, das - window
22. Firma, die - firm
23. fröhlich - cheerfully
24. gefunden - found
25. gestohlen - stolen
26. gewesen - been
27. hängt - hanging
28. Jahr, das - year
29. jünger - younger
30. kommen näher - approach
31. Körbe, die - baskets
32. mit - with
33. Mitglieder, die - members
34. mittlere - medium-sized
35. Musik, die - music
36. Mutter, die - mom
37. Mutter, die - mother
38. Pilz, der - mushroom

39. sammeln - pick
40. scheint - shining
41. schuldig - guilty
42. Schule, die - school
43. Schwester, die - sister
44. Sekretär/in, der/die - secretary
45. singen - sing
46. singend - singing
47. Sonne, die - sun
48. Sonntag, der - Sunday
49. sperren - lock
50. Stunden, die - hours
51. trotzdem - anyway
52. uns - us
53. verheiratet - married
54. vermisst - misses
55. vor einem Jahr - a year ago
56. Wald, der - forest

B

Der Hund Ist nicht Schuld

David geht nach dem College in die Bibliothek. Abends trifft er seine Freunde in einem Café. Davids jüngere Schwester Nancy ist schon acht Jahre alt. Sie geht in die Schule. Davids Mutter, Linda, arbeitet als Sekretärin. Ihr Ehemann Christian arbeitet als Architekt für eine Baufirma. Christian und Linda haben vor einem Jahr geheiratet. David hat einen Kater, der Mars heißt, und einen Hund, der Baron heißt.

Heute ist Sonntag. David, Nancy, Linda, Christian und Baron gehen in den Wald um Pilze zu sammeln. David fährt. Im Auto spielt Musik. Der Vater und die Mutter singen. Baron bellt fröhlich.

Dann bleibt das Auto stehen. Baron springt aus dem Auto und rennt in den Wald. Er springt und spielt.

„Baron, du solltest hier bleiben", sagt David. „Du sollst auf das Auto aufpassen. Und wir werden in den Wald gehen."

Baron sieht David traurig an, aber geht trotzdem zum Auto. Sie sperren ihn ins Auto. Die Mutter, der Vater, David und Nancy nehmen Körbe und gehen Pilze sammeln. Baron schaut durch das Autofenster hinaus.

„Es ist gut, dass wir Baron haben. Er passt auf das Auto auf und wir müssen uns keine Sorgen machen", sagt der Vater.

The Dog Isn't Guilty

David goes to the library after college. He meets his friends in a café in the evenings. David's younger sister Nancy is already eight years old. She studies at school. David's mom, Linda, works as a secretary. Her husband Christian works as an architect at a building firm. Christian and Linda got married a year ago. David has a cat named Mars and a dog, Baron.

It is Sunday today. David, Nancy, Linda, Christian and Baron go to the forest to pick mushrooms. David drives. Music plays in the car. The father and the mother sing. Baron barks cheerfully.

Then the car stops. Baron jumps out of the car and runs to the forest. It jumps and plays.

"Baron, you should stay here," David says, "You should watch the car. And we will go to the forest."

Baron looks sadly at David, but goes to the car anyway. They lock him in the car. The mother, the father, David and Nancy take baskets and go to pick mushrooms. Baron looks out through the car window.

"It is good that we have Baron. He watches the car and we don't need to worry," the father says.

"Baron is a brave dog," David says.

"The weather is good today," the mother

22

„Baron ist ein mutiger Hund", sagt David.
„Das Wetter ist heute gut", sagt die Mutter.
„Ich habe den ersten Pilz gefunden!" schreit Nancy. Jeder beginnt aufgeregt Pilze zu sammeln. Alle Familienmitglieder sind in einer guten Stimmung. Die Vögel singen, die Sonne scheint. David sammelt nur große Pilze. Die Mutter sammelt kleine und mittlere. Der Vater und Nancy sammeln große, mittlere und kleine Pilze. Sie sammeln zwei Stunden lang Pilze.
„Wir müssen zum Auto zurückgehen. Baron vermisst uns", sagt der Vater. Alle gehen zum Auto. Sie kommen näher zum Auto.
„Was ist das?" schreit Nancy. Dem Auto fehlen die Räder! Die Räder wurden gestohlen! Der Hund sitzt im Auto und sieht die Familie mit einem verängstigten Blick an. Eine Notiz hängt am Fenster: „Ihr Hund ist nicht schuld. Er hat gebellt!"

says.
"I have found the first mushroom!" Nancy cries. Everybody starts to gather mushrooms excitedly. All members of the family are in a good mood. The birds are singing, the sun is shining. David gathers only big mushrooms. Mother gathers small and medium-sized ones. The father and Nancy gather big, small and medium-sized mushrooms. They pick mushrooms for two hours.
"We have to go back to the car. Baron misses us," the father says. Everybody goes to the car. They approach the car.
"What is this?" Nancy cries. The car is missing its wheels! The wheels have been stolen! The dog is sitting in the cabin and looking at his family with a frightened look. A note is hanging on the window: "The dog isn't guilty. It barked!"

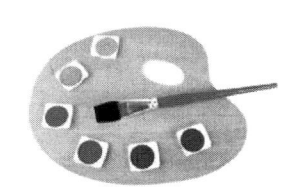

8

Die Koffer
The Suitcases

A

Vokabel
Words

1. Abendessen, das - dinner
2. Abteil, das - compartment
3. alleine - alone
4. Bücher, die - books
5. Busbahnhof, der - station
6. Bussteig, der - platform
7. dachte - thought
8. erklärt - explains
9. fischen - fishing
10. Fluss, der - river
11. früh - early
12. Garten, der - garden
13. Gemüse, das - vegetables
14. Gepäck, das - luggage
15. Geschichten, die - stories
16. hatte - had
17. in Ordnung - OK
18. Koffer, die - suitcases
19. kommen an - arrive
20. Leben, das - life
21. liest - reads
22. macht sich auf - preparing
23. Monat, der - month
24. nahm - took
25. neben - next to
26. Onkel, der - uncle
27. Pause, die - rest
28. rufen - call
29. sicher - sure
30. siebzig - seventy
31. Situation, die - situation
32. sollen - shall

33. Sommer, der - summer
34. Stadt, die - city
35. stellt vor - introduces
36. Tasche, die - bag
37. Taxi, das - taxi
38. Tee, der - tea
39. tragen - carry
40. trägt - carries
41. traurig - sad
42. verkaufen - sell
43. weit - far
44. wie - how
45. zusammen - together

B

Die Koffer

Jeden Sommer besucht David seinen Onkel Philippe. Onkel Philippe lebt allein. Er ist siebzig Jahre alt. David und Onkel Philippe gehen normalerweise früh am Morgen am Fluss fischen. Dann hilft David Onkel Philippe Obst und Gemüse im Garten zu sammeln. Nach dem Mittagessen macht David eine Pause und liest Bücher. David und Onkel Philippe gehen am Abend das Obst verkaufen. Dann essen sie zu Abend und reden. Onkel Philippe erzählt David Geschichten aus seinem Leben. Normalerweise bleibt David ein Monat bei Onkel Philippe und fährt danach wieder nach Hause.
David fährt diesen Sommer von Onkel Philippe mit dem Bus nach Hause. Im Bus sitzt er neben einem Mädchen. David lernt das Mädchen kennen. Ihr Name ist Ann. Ann lebt in der gleichen Stadt wie David. Aber Ann lebt weit entfernt von seinem Haus. Sie kommen in der Stadt an. David hilft Ann ihr Gepäck aus dem Gepäckraum zu holen. Man gibt Ann zwei Koffer. David hilft ihr und nimmt die Koffer.
„Ann, ich werde dich nach Hause begleiten", sagt David.
„Ok. Aber du lebst weit entfernt von mir", antwortet Ann.
„Egal, dann nehme ich ein Taxi", antwortet David. Es ist schon abends und David und Ann gehen durch die Stadt und reden. Sie kommen zu Anns Haus. David trägt das Gepäck ins Haus. Ann stellt David ihrer Mutter vor.

The Suitcases

Every summer, David goes to visit his uncle Philippe. Uncle Philippe lives alone. He is seventy years old. David and uncle Philippe usually go fishing in the river early in the morning. Then David helps the uncle gather fruit and vegetables in the garden. After lunch David has a rest and reads books. David and uncle Philippe take fruit to sell in the evenings. Then they have dinner and talk together. Uncle Philippe tells David stories about his life. David usually stays at uncle Philippe's for a month and then goes back home.
David is coming home from uncle Philippe's by bus this summer. He is sitting next to a girl on the bus. David gets acquainted with the girl. Her name is Ann. Ann lives in the same city as David does. But Ann lives far away from his house. They arrive in the city. David helps Ann to get her bags from the luggage compartment. Ann gets two suitcases. David helps her and takes the suitcases.
"Ann, I'll walk you home," David says.
"OK. But you live far from me," Ann answers.
"Never mind, I'll take a taxi," David answers. David and Ann walk through the evening city and talk. They come to Ann's house. David carries the bags into the house. Ann introduces David to her mom.

„Mama, das ist David. David hat mir geholfen, das Gepäck zu tragen", sagt Ann.
„Guten Abend", sagt David.
„Guten Abend", antwortet Anns Mutter.
„Möchtest du etwas Tee?"
„Nein, danke. Ich muss gehen", sagt David. Er macht sich auf um zu gehen.
„David, vergiss deine Koffer nicht", sagt Anns Mutter. David sieht Ann und deren Mutter überrascht an.
„Wie ist das möglich? Sind das nicht deine Koffer?", fragt David Ann.
Ich dachte, das wären deine Koffer", antwortet Ann. Als Ann ihr Gepäck aus dem Gepäckraum bekam, nahm sie die zwei Koffer. David dachte, dass es Anns Koffer wären. Und Ann dachte, dass es Davids Koffer wären.
„Was machen wir denn jetzt?", sagt David.
„Wir sollten zum Busbahnhof gehen", antwortet Ann, „und die Koffer zurückbringen."
Ann und David rufen ein Taxi und fahren zum Busbahnhof. Dort sehen sie zwei traurige Mädchen am Bussteig. David und Ann gehen zu den Mädchen.
„Entschuldigung, sind das eure Koffer?", fragt David und erklärt ihnen die ganze Situation. Die Mädchen lachen. Sie waren sich sicher, dass jemand ihre Koffer gestohlen hatte.

"Mom, this is David. David helped me to carry the bags," Ann says.
"Good evening," David says.
"Good evening," Ann's mom answers,
"Would you like some tea?"
"No, thanks. I have to go," David says. He is preparing to leave.
"David, do not forget your suitcases," Ann's mom says. David looks at Ann and her mom in surprise.
"How's that? Aren't these your suitcases?" David asks Ann.
"I thought these were your suitcases," Ann answers. When Ann was getting her bag from the luggage compartment, she took the two suitcases out. David thought that these were Ann's suitcases. And Ann thought they were David's.
"What shall we do?" David says.
"We should go to the station," Ann answers, "And take back the suitcases."
Ann and David call a taxi and arrive to the station. There they see two sad girls on the platform. David and Ann come up to the girls.
"Excuse me, are these your suitcases?" David asks and explains all the situation to them.
The girls laugh. They were sure that their suitcases had been stolen.

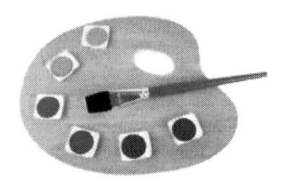

9

Professor Leonidas
Professor Leonidas

A

Vokabel
Words

1. abprüfen - quiz
2. am lautesten - loudest
3. Aufgabe, die - assignment
4. Augen, die - eyes
5. berühmt - famous
6. berühmteste - most famous
7. besuchen - attend
8. betreten - enters
9. Decke, die - ceiling
10. einige - few
11. emotional - emotionally
12. Finger, der - finger
13. Fragen, die - questions
14. fühlen - feel
15. Gedanken, die - thoughts
16. gelernt - learned
17. Gericht, das - dish
18. Geschichte, die - history
19. gewagten - daring
20. Gott, der - god
21. Griechenland, das - Greece
22. großartige - magnificent
23. großer - great
24. Haar, das - hair
25. Haupt- - main
26. heimlich - secretly
27. Hinweis, der - hint
28. Institut, das - department
29. jedoch - though
30. Journalismus, der - journalism
31. Kollegen, die - colleagues
32. König, der - king
33. lange - long
34. meinst - mean

35. national - national
36. Noten, die - marks
37. perfekt - perfectly
38. Professor, der - professor
39. sammelt - collects
40. schwarz - black
41. schwierig - difficult
42. selten - rarely
43. Sparta - Sparta
44. Spitzname, der - nickname
45. still - silent
46. Stirnrunzeln, das - frown
47. Student/Studentin, der/die - student
48. Stuhl, der - chair
49. Test, der - test
50. Tisch, der - desk
51. unterrichtet - teaches
52. Unterrichtsfach, das - subject
53. verliebte sich - fell in love
54. Versuch, der - guess
55. Vorlesungen, die - lectures
56. wahrscheinlich - probably
57. war nicht - wasn't
58. wartet - waiting
59. zeigt - points
60. Zeus - Zeus
61. zubereite - prepare

B

Professor Leonidas

David studiert im College, er ist am Institut für Journalismus. Professor Leonidas unterrichtet am Institut für Journalismus. Er ist Grieche und unterrichtet Geschichte. Professor Leonidas hat den Spitznamen Zeus, weil er beim Unterrichten sehr emotional wird, großartige lange Haare und große schwarze Augen hat.

Heute hat David einen Geschichtstest. Er mag das Unterrichtsfach. Er liest viel und bekommt immer gute Noten.

David betritt das Zimmer und nimmt die Testaufgaben. Er setzt sich an den Tisch und macht die Aufgaben. Die Fragen sind nicht schwer. Lena sitzt neben David. Lena kommt nur selten zu den Vorlesungen von Professor Leonidas. Lena mag Geschichte nicht. Sie wartet darauf, dass sie an der Reihe ist. Dann geht Lena zu Professor Leonidas Tisch und setzt sich auf einen Stuhl.

„Das sind meine Antworten auf die Fragen", sagt Lena zum Professor und gibt ihm die Testaufgaben.

„Gut", der Professor sieht Lena an. Er kann sich gut daran erinnern, dass Lena seine Vorlesungen

Professor Leonidas

David studies at the journalism department at college. Professor Leonidas teaches at the journalism department. He is Greek and teaches history. Professor Leonidas has the nickname Zeus because he lectures very emotionally and has magnificent long hair and big black eyes.

Today David has a test in history. He likes the subject. He reads a lot and always gets good marks.

David enters the room and takes a test assignment. He sits down at the desk and does the assignment. The questions aren't difficult. Lena sits next to David. Lena rarely attends professor Leonidas's lectures. Lena doesn't like history. She is waiting for her turn. Then Lena goes to professor Leonidas's desk and sits down on a chair.

"These are my answers to the questions," Lena says to the professor and gives him the test assignment.

"Well," the professor looks at Lena. He

nicht besucht. „Lena ist wahrscheinlich auch eine gute Studentin und lernt gut", denkt Professor Leonidas. Aber er möchte das Mädchen trotzdem abprüfen.

„Lena, wer ist der wichtigste griechische Gott?", fragt der Professor. Lena ist still. Sie weiß es nicht. Professor Leonidas wartet. Julia sitzt am Tisch in der ersten Reihe. Sie möchte ihr einen Hinweis geben. Lena sieht Julia an. Und Julia zeigt heimlich mit dem Finger auf Professor Leonidas.

„Leonidas ist der wichtigste griechische Gott", sagt Lena. Die Studenten lachen. Professor Leonidas sieht sie mit einem Stirnrunzeln an. Dann schaut er auf die Decke und sammelt seine Gedanken.

„Vielleicht meinst du Leonidas, den König von Sparta, aber das war kein Gott. Obwohl er auch ein großer Grieche war. Vielleicht meinst du mich, aber ich fühle mich nur wie ein Gott, wenn ich in meiner Küche stehe und ein griechisches Nationalgericht zubereite", sagt Professor Leonidas und sieht Lena aufmerksam an. „Danke trotzdem für den gewagten Versuch."

Professor Leonidas erzählt seinen Kollegen einige Tage später, dass er der wichtigste griechische Gott ist. Der Professor lacht am lautesten von allen. Und Lena hat die Namen aller berühmtesten Griechen gelernt und hat sich dabei in die Geschichte Griechenlands verliebt.

remembers perfectly that Lena doesn't attend his lectures, "Lena is probably a good student and studies well," professor Leonidas thinks. But he still wants to quiz the girl.

"Lena, who is the main Greek god?" the professor asks. Lena is silent. She doesn't know. Professor Leonidas is waiting. Julia sits at the front desk. Julia wants to give her a hint. Lena looks at Julia. And Julia secretly points a finger at professor Leonidas.

"Leonidas is the main Greek god," Lena says. The students laugh out. Professor Leonidas looks at her with a frown. Then he looks at the ceiling and collects his thoughts.

"If you mean Leonidas, the king of Sparta, he wasn't a god. Though he also was a great Greek. If you mean me, then I feel like a god only in my kitchen when I prepare a national Greek dish," professor Leonidas looks at Lena attentively, "But anyway thank you for the daring guess."

Professor Leonidas tells his colleagues a few days later, that he is the main Greek god. The professor laughs loudest of all. And Lena learned the names of all the most famous Greeks and fell in love with the history of Greece.

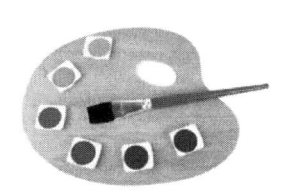

10

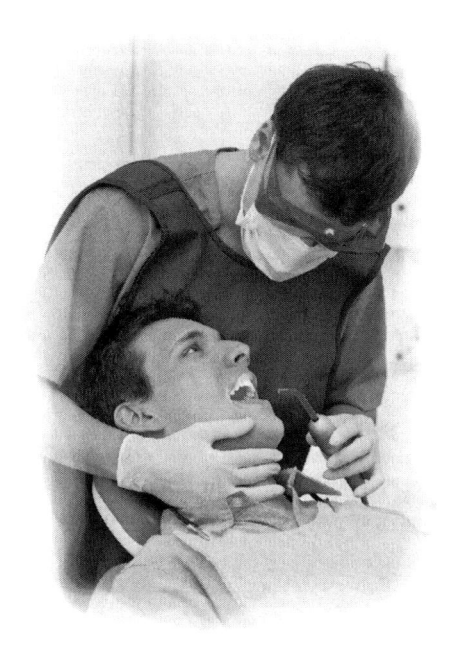

Beim Zahnarzt
At the Dentist

A

Vokabel
Words

1. als - than
2. Arzt, der - doctor
3. Arztpraxis, die - surgery
4. Ausdruck, der - term
5. Bauarbeiter, die - builders
6. Bauarbeiters, des - builder's
7. Baufirma, die - construction company
8. behandelt - treats
9. beheben - eliminate
10. bevor - before
11. bewerben - apply
12. bitte - please
13. Chef, der - chief
14. Defekt, der - defect
15. ein wenig - slightly
16. erinnert - recalls
17. Firma, die - company
18. früher - earlier
19. gern geschehen - you're welcome
20. getroffen - met
21. Hände, die - hands
22. installiert - install
23. irgendetwas - anything
24. ist einverstanden - agrees
25. Job, der - job
26. Kiefer, der - jaw
27. klopft - hits
28. Kunde, der - client
29. Mund, der - mouth
30. nennen - term

31. öffnen - open
32. reparieren - fix
33. richtig - correctly
34. schlecht - badly
35. schließt - close
36. schreibt - writes
37. setzt sich - sits
38. Spital, das - hospital
39. Unterricht, der - classes
40. Verlust, der - loss
41. wäscht - washes
42. weil - because
43. weit - widely
44. Zahn, der - tooth
45. Zahnarzt, der - dentist
46. Zahnklinik, die - dental surgery
47. Zahnschmerzen, die - toothache
48. zufrieden - contentedly

B

Beim Zahnarzt

David hat einen Freund, der Victor heißt. David und Victor sind seit einer langen Zeit befreundet. Victor arbeitet bei einer Baufirma. Er installiert Türen in neuen Wohnungen. Victor mag seinen Job nicht. Er möchte auch am College studieren. Victor geht früh von der Arbeit, weil er eine Abendschule besucht. Er bereitet sich darauf vor, sich an einem College zu bewerben. Aber Victor bittet seinen Chef heute nicht, ihn zum Unterricht gehen zu lassen, sondern ins Spital. Victor hat Zahnschmerzen. Er hat seit zwei Tagen Zahnschmerzen. Er geht in das Spital, in die Zahnklinik.
„Hallo, Herr Doktor!" sagt Victor.
„Hallo!", antwortet der Arzt.
„Herr Doktor, ich glaube, dass wir uns schon irgendwo einmal getroffen haben", sagt Victor.
„Vielleicht", antwortet der Arzt. Victor setzt sich in einen Stuhl und öffnet seinen Mund weit. Der Arzt behandelt Victors Zahn. Alles geht gut. Der Arzt wäscht seine Hände und sagt: „Ihr Zahn ist jetzt gesund. Sie können gehen."
Aber Victor kann nichts antworten, weil er seinen Mund nicht schließen kann. Victor zeigt auf den Mund.
„Ich verstehe", sagt der Arzt, „mach dir nichts daraus! Auch ein Bauarbeiter würde das einen

At the Dentist

David has a friend named Victor. David and Victor have been friends for a long time. Victor works at a construction company. He installs doors in new apartments. Victor doesn't like his job. He wants to study at college, too. Victor leaves work earlier because he attends evening school. He prepares to apply to college. But Victor asks his chief today to let him go not to the classes, but to the hospital. Victor has a toothache. He has had a toothache for two days. He arrives at the hospital and comes into the dental surgery.
"Hello, doctor!" Victor says.
"Hello!" the doctor answers.
"Doctor, it seems to me that we have met somewhere before," Victor says.
"Maybe," the doctor answers. Victor sits down in a chair and widely opens his mouth. The doctor treats Victor's tooth. Everything goes well. The doctor washes his hands and says: "Your tooth is healthy now. You can go."
But Victor can't say anything because his mouth doesn't close. Victor points to the mouth.
"I see," the doctor says, "Don't get upset! In builder's terms, this is called a defect. I can fix this defect tomorrow," the doctor

31

Defekt nennen. Ich kann den Defekt morgen reparieren", antwortet er Arzt.
In diesem Moment erinnert sich Victor daran, dass der Arzt ein Kunde seiner Firma ist. Victor hat die Tür im Haus des Arztes schlecht installiert. Die Tür des Arztes lässt sich nicht schließen. Victor schreibt dem Arzt eine Notiz: „Ich werde sofort zu Ihnen fahren und die Tür richtig installieren."
Der Arzt ist einverstanden. Victor und der Arzt nehmen ein Taxi. Victor sitzt mit offenem Mund im Taxi und schaut traurig durch das Autofenster. Sie kommen zum Haus des Arztes. Victor behebt den Fehler mit offenem Mund. Der Arzt bedankt sich nicht bei Victor. Er klopft Victor ein wenig auf den Kiefer und der Mund schließt sich. Victor ist glücklich.
„Danke, Herr Doktor!", sagt er zum Arzt, „Sie beheben Fehler besser als Bauarbeiter. Sie machen es, ohne Zeit zu verlieren", sagt Victor.
„Gern geschehen", sagt der Arzt zufrieden, „du kannst gerne wiederkommen, wenn du Hilfe brauchst."

answers.
At this moment Victor recalls that the doctor is a client of their company. Victor badly installed a door at the doctor's. The doctor's door doesn't close. Victor writes a note to the doctor: "I'll come to your place right now and install the door correctly." The doctor agrees. Victor and the doctor take a taxi. Victor sits in the taxi with the open mouth and looks sadly through the car window. They come to the doctor's house. Victor fixes the defect with the open mouth. The doctor doesn't thank Victor. He hits Victor slightly on the jaw and the mouth closes. Victor is happy.
"Thank you, doctor!" he says to the doctor, "You eliminate defects better than builders. You do it without a loss of time," Victor says.
"You're welcome," the doctor says contentedly, "Come when you need help, please."

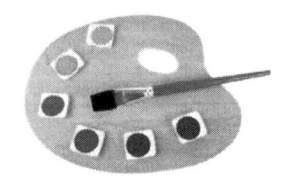

11

Gerechtigkeit Siegt!
Justice Triumphs!

A

Vokabel
Words

1. Abenteuer, die - adventures
2. ändern - change
3. Angst, die - fear
4. Art, die - way
5. Aufsatz, der - composition
6. Autor, der - author
7. bedeutet - means
8. beeindruckt - impressed
9. beschloßen - decided
10. besonders - especially
11. ehrlich - honestly
12. einfach - easily
13. englisch - English
14. Erfahrung, die - experience
15. erinnerst - remind
16. ernst - seriously
17. Erstaunen, das - amazement
18. erwischen - spot
19. Essays, die - essays
20. faul - lazy
21. fröhlich - merrily
22. gebe zu - admit
23. gedankenlos - thoughtlessly
24. gegeben - given
25. genau, sorgfältig - carefully
26. genug - enough
27. Gerechtigkeit, die - justice
28. geschrieben - written
29. großartiges - excellent
30. hält - holds
31. Hausaufgabe, die - homework
32. höchste - highest
33. ich selbst - myself
34. intelligent - smart
35. Intelligenz, die - intelligence
36. irgendein, etwas - any

37. irgendjemand - anybody
38. Junge, der - guy
39. Klassenzimmer, das - classroom
40. kompetent - competent
41. Konzept, das - concept
42. kopieren - copying
43. kopiert - copied
44. Lehrer, der - teacher
45. Lieber - dear
46. Literatur, die - literature
47. loben - praise
48. mehr - more
49. Meisterwerk, das - masterpiece
50. mogeln - cheat
51. niedrig - low
52. Niveau, das - level
53. oft - often
54. ruinieren - spoil
55. sagt abschließend - finishes
56. schlecht - poorly
57. schmeicheln - flatter
58. Schriftsteller, der - writer
59. siegt - triumphs
60. spricht - talks
61. spricht weiter - continues
62. Stil, der - style
63. Stimmung, die - spirit
64. streng - strictly
65. strenger - more strictly
66. Studentenwohnheim, das - dorms
67. tat - did
68. Thema, das - theme
69. überprüfen - check
70. Unterricht, der - lesson
71. verdient - deserved
72. verlassen - left
73. verschmitzt - slyly
74. verständlich, leicht - easy
75. vorbeikommt - passes
76. wird sichtbar - appears
77. wusste - knew
78. zögerlich - hesitantly

B

Gerechtigkeit Siegt!

Robert wohnt im Studentenwohnheim. Er hat viele Freunde. Alle Studenten mögen ihn. Aber die Lehrer wissen, dass Robert manchmal faul ist. Deshalb behandeln sie Robert strenger, als andere Studenten.

Roberts erster Unterricht heute ist englische Literatur. Die Studierenden beschäftigen sich genau mit der Arbeit von Charles Dickens. Dieser Schriftsteller wurde durch Bücher wie die Abenteuer von Oliver Twist, Dombey und Sohn, David Copperfield und andere berühmt.

Der Lehrer muss heute die Essays, die Hausaufgabe waren, korrigiert zurückgeben. Der Lehrer betritt das Klassenzimmer. Er hält die Arbeiten der Studenten in seinen Händen.

„Hallo. Setzt euch, bitte", sagt der Lehrer. „Ich bin mit euren Essays zufrieden. Ganz besonders

Justice Triumphs!

Robert lives in the dorms. He has a lot of friends. All the students like him. But teachers know that Robert is sometimes lazy. That's why they treat Robert more strictly than other students.

It is Robert's first lesson is English literature today. Students carefully study Charles Dickens's work. This writer became famous with works like The Adventures of Oliver Twist, Dombey and Son, David Copperfield and so on.

The teacher has to check homework essays today. The teacher enters the classroom. He holds the students' work in his hands.

"Hello. Sit down, please," the teacher says, "I am satisfied with your essays. I

mag ich Roberts Arbeit. Ich gebe ehrlich zu, dass ich noch nie eine bessere Arbeit über Dickens gelesen habe. Ein großartiges Konzept, kompetent geschrieben und ein verständlicher Stil. Sogar die beste Note reicht hier nicht aus."
Die Studenten staunen mit offenem Mund. Leute sagen solche Dinge nicht oft über Robert. Dann spricht der Lehrer über andere Arbeiten, aber er lobt niemanden auf die gleiche Art. Dann verteilt er die Arbeiten an die Studenten. Als er bei Robert vorbeikommt, sagt er zu ihm: „Komm nach dem Unterricht bitte zu mir."
Robert ist überrascht. Nach dem Unterricht geht er zum Lehrer. Die anderen Studenten haben das Klassenzimmer schon verlassen.
„Robert, du bist ein intelligenter und guter Junge", sagt der Lehrer, „du erinnerst mich sogar auf gewisse Art an mich selbst. Ich habe auch an diesem College studiert. Und ich habe im gleichen Studentenwohnheim gewohnt wie du."
Robert versteht nicht, was der Lehrer sagen will. Aber der Lehrer sieht ihn verschmitzt an und spricht weiter: „Ich habe mir auch die Tests der früheren Studenten angesehen. Aber ich habe von ihnen nur ein wenig abgeschrieben, um die Stimmung eines Themas zu spüren. Und ich habe nie alles so gedankenlos abgeschrieben wie du."
In Roberts Augen wird Angst sichtbar.
„Das ist es, mein Lieber. Du hast nicht nur die Arbeit von jemand anderem abgeschrieben, du hast eine Arbeit abgeschrieben, die ich selbst vor einer langen Zeit verfasst habe", spricht der Lehrer weiter.
„Aber warum haben Sie mir dann die beste Note gegeben, Professor?", fragt Robert zögerlich.
„Weil ich damals eine schlechte Note dafür bekommen habe! Und ich wusste immer, dass ich eine viel bessere Note verdient hätte! Jetzt siegt die Gerechtigkeit!!", sagt der Lehrer und lacht fröhlich.
„Als ich ihren Aufsatz abgeschrieben habe, war ich vom Intelligenzniveau des Autors beeindruckt", sagt Robert. „Deshalb habe ich beschlossen nichts zu ändern, um dieses

especially like Robert's work. I admit to you honestly that I have never read a better work about Dickens. Excellent concept, competent writing, easy style. Even the highest mark is not enough here."
Students open their mouths in amazement. People don't often say things like that about Robert. Then the teacher talks about other works, but doesn't praise anybody the same way. Then he hands out the works to the students. When he passes Robert, he says to him: "Come to see me after the lesson, please."
Robert is surprised. He comes up to the teacher after the lesson. Students already left the classroom.
"Robert you're a smart and good guy," the teacher says, "You even remind me of myself in some ways. I also studied in this college. And I stayed in the same dorms as you do."
Robert does not understand what the teacher means. But the teacher looks at him slyly and continues: "I looked for former students' tests too. But I copied from them just a little to feel the spirit of a theme. And I never copied everything thoughtlessly as you did."
A fear appears in Robert's eyes.
"That's it, my dear. You have not only copied somebody else's work, you have copied a work written by me a long time ago," the teacher continues.
"Then why have you given me the highest mark, professor?" Robert asks hesitantly.
"Because then I got a low mark for it! And I always knew that it deserved a much better mark! And here justice triumphs now!!" the teacher laughs merrily.
"When I was copying your composition, I was impressed by the level of intelligence of the author," says Robert, "So I decided

Meisterwerk nicht zu ruinieren, Herr Professor", sagt Robert und sieht dem Lehrer in die Augen.
„Du schmeichelst sehr schlecht, Robert", antwortet der Lehrer und sieht Robert ernst an. „Geh jetzt und merk dir, dass ich dich jedes Mal ganz einfach erwischen werde, wenn du mogelst, weil ich sehr viel Erfahrung habe. Ist das klar?", sagt der Lehrer abschließend.

not to change anything to not to spoil this masterpiece, professor," Robert looks in the teacher's eyes.
"You flatter very poorly, Robert," the teacher answers looking seriously at Robert, "Go and remember that any time you cheat, I will spot it easily because I have had a lot of experience. Is it clear?" the teacher finishes.

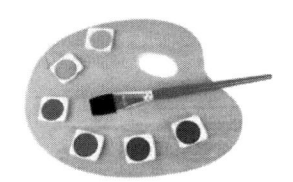

12

Wo Ist das Meer?
Where is the Sea?

A

Vokabel
Words

1. anders - different
2. Badeanzug, der - swimsuit
3. Bank, die - bench
4. besucht gerade - visiting
5. Dienstag, der - Tuesday
6. ein Kompliment gemacht - paid a compliment
7. Ende, das - end
8. erkenne wieder - recognize
9. Essen, das - meal
10. finden - find
11. führt - leads
12. ganz - completely
13. ging - went
14. Glück, das - luck
15. größte - biggest
16. halbe - half
17. Handtuch, das - towel
18. Handy, das - telephone
19. Hauptstadt, die - capital
20. Hebräisch, das - Hebrew
21. hört zu - listens
22. Hotel, das - hotel
23. Jerusalem - Jerusalem
24. kocht - cooks
25. Kompliment, das - compliment
26. könnte - could
27. Kreuzung, die - intersection
28. Mann, der - man
29. Markt, der - market

37

30. Meer, das - sea
31. Nachbar, der - neighbor
32. nickt - nods
33. reist - traveling
34. Richtung, die - direction
35. schlägt vor - suggests
36. schwimmen - swimming
37. sonnenbaden - sunbathing
38. Stadt, die - town
39. Straße, die - road
40. Straße, die - street

41. Tante, die - aunt
42. Türglocke, die - doorbell
43. Vater, der - dad
44. verlaufen - lost
45. vorbei - past
46. warten - wait
47. Wochenende, das - weekend
48. zehn - ten
49. ziemlich - quite
50. zwanzig - twenty

B

Wo Ist das Meer?

Anna, eine Freundin von David, reist diesen Sommer nach Israel, um ihre Tante und ihren Onkel zu besuchen. Ihre Tante heißt Yael und der Name ihres Onkels ist Nathan. Sie haben einen Sohn, der Ramy heißt. Nathan, Yael und Ramy leben in Jerusalem. Jerusalem ist die Hauptstadt und die größte Stadt Israels. Anna ist gerne dort. Jedes Wochenende geht sie mit ihrem Onkel und ihrer Tante ans Meer. Anna schwimmt gerne und liegt gerne in der Sonne. Heute ist Dienstag. Onkel Nathan geht arbeiten. Er ist Arzt. Tante Yael kocht für die ganze Familie Essen. Anna möchte sehr gerne zum Meer gehen, aber sie hat Angst alleine zu gehen. Sie kann gut Englisch, aber sie spricht überhaupt kein Hebräisch. Anna hat Angst sich zu verlaufen. Sie hört, dass es an der Tür klingelt.
„Es ist deine Freundin Nina", sagt Tante Yael. Anna freut sich sehr, dass ihre Freundin sie besuchen gekommen ist. Nina lebt in Kiev. Sie besucht gerade ihren Vater. Ihr Vater ist der Nachbar von Onkel Nathan. Nina spricht ganz gut Englisch.
„Lass uns zum Meer gehen", schlägt Nina vor.
„Wie werden wir den Weg finden?", fragt Anna.

Where Is the Sea?

Anna, David's friend, is traveling to Israel to visit her aunt and uncle this summer. The aunt's name is Yael, and the uncle's name is Nathan. They have a son named Ramy. Nathan, Yael and Ramy live in Jerusalem. Jerusalem is the capital and the biggest city in Israel. Anna likes it there. She go to the sea every weekend with her uncle and aunt. Anna likes swimming and sunbathing. Today is Tuesday. Uncle Nathan goes to work. He is a doctor. Aunt Yael cooks a meal for the whole family. Anna wants to go to the sea very much, but she is afraid to go alone. She knows English well, but doesn't know Hebrew at all. Anna is afraid to get lost. She hears the doorbell ring.
"This is your friend Nina," aunt Yael says. Anna is very glad that her friend came to see her. Nina lives in Kiev. She is visiting her father. Her father is uncle Nathan's neighbor. Nina speaks English well enough.
"Let's go to the sea," Nina suggests.
"How will we find our way?" Anna asks.
"It's Israel. Almost everybody here speaks English," Nina answers.
"Wait a minute, I'll take a swimsuit and a towel," Anna says. Ten minutes later the

38

„Das ist Israel. Fast jeder hier spricht Englisch", antwortet Nina.
„Warte kurz, ich nehme einen Badeanzug und ein Handtuch mit", sagt Anna. Zehn Minuten später verlassen die Mädchen das Haus. Ein Mann mit einem Kind kommt ihnen entgegen.
„Entschuldigen Sie, wie kommen wir ans Meer?", fragt ihn Anna auf Englisch.
„Tochter des Meeres?", fragt der Mann. Anna freut sich, dass der Mann ihr ein Kompliment macht. Sie nickt.
„Es ist ziemlich weit entfernt. Geht bis zum Ende der Straße und biegt dann rechts ab. Wenn ihr zur Kreuzung kommt, biegt ihr noch einmal rechts ab. Viel Glück", sagt der Mann. Anna und Nina gehen zwanzig Minuten lang. Sie gehen an einem Markt vorbei. Dann gehen sie an einem Hotel vorbei.
„Ich erkenne das Hotel nicht wieder. Als wir mit meinem Vater ans Meer gefahren sind, habe ich es nicht gesehen", sagt Nina.
„Lass uns noch einmal nach dem Weg fragen", schlägt Anna vor.
„Dieser Weg führt ans Meer, oder?", fragt Nina einen Verkäufer in einem Laden.
„Ja, Tochter des Meeres", nickt der Verkäufer.
„Das ist sehr seltsam. Sie haben dir und mir heute zwei Mal das gleiche Kompliment gemacht", sagt Anna zu Nina. Die Mädchen sind überrascht. Sie gehen eine halbe Stunde die Straße entlang.
„Ich glaube, dass wir schon in einer Straße mit dem gleichen Namen gewesen sind", sagt Anna.
„Ja, aber die Häuser hier sehen ganz anders aus", antwortet Nina.
„Könnten Sie uns sagen, wie lange es dauert, von hier zum Meer zu gehen?", fragt Nina eine Frau mit einem Hund.
„Tochter des Meeres?", fragt die Frau. Nina ist überrascht. Sie hat noch nie zuvor Komplimente von Frauen bekommen. Sie nickt.
„Ihr seid schon hier", sagt die Frau und geht

girls go outside. A man with a child walks toward them.
"Excuse me, how can we get to the sea?" Anna asks him in English.
"Daughter of the sea?" the man asks. Anna is glad that the man pays a compliment to her. She nods her head.
"It is quite far away. Go to the end of the street then turn to the right. When you get to the intersection, turn to the right again. Good luck," the man says.
Anna and Nina walk for twenty minutes. They pass a market. Then they go past a hotel.
"I don't recognize this hotel. When we went to the sea with my dad, I didn't see it," Nina says.
"Let's ask for directions again," Anna suggests.
"This way leads to the sea, doesn't it?" Nina asks a shop salesman.
"Yes, Daughter of the Sea," the salesman nods.
"It is very strange. They have paid you and me the same compliment two times today," Anna says to Nina. The girls are surprised. They walk on along the road for half an hour.
"It seems to me that we have already been on a street with the same name," Anna says.
"Yes, but the houses around look completely different," Nina answers.
"Could you tell us, how long does it take to walk from here to the sea?" Nina asks a woman with a dog.
"Daughter of the sea?" the woman asks. Nina is surprised. Women have never paid her compliments before. She nods.
"You're already here," the woman says and goes on. Anna and Nina look around. There are some houses on the right. There is a road on the left.
"Where is the sea here?" Anna asks. Nina

39

weiter. Anna und Nina sehen sich um. Rechts stehen einige Häuser. Links ist eine Straße. „Wo ist hier das Meer?", fragt Anna. Nina antwortet nicht. Sie nimmt ihr Handy heraus und ruft ihren Vater an. Der Vater bittet Nina ihm die ganze Geschichte zu erzählen. Das Mädchen erzählt ihm alles, dann hört sie ihrem Vater zu und lacht.
„Anna, mein Vater sagt, dass wir in eine andere Stadt gegangen sind. Am Ende hat uns doch niemand irgendwelche Komplimente gemacht. Sie dachten, dass wir in eine kleine Stadt wollten, die Tochter des Meeres heißt. Bat Yam auf Hebräisch", sagt Nina. Jetzt lacht auch Anna. Die Mädchen gehen in einen Park und setzten sich auf eine Bank. Eine Stunde später kommt Ninas Vater und bringt sie ans Meer.

doesn't answer. She takes out her telephone and calls her father. The father asks Nina to tell him all the story. The girl tells him everything, then listens to her father and laughs.
"Anna, my father says that we got to another city. It turns out that nobody paid us any compliments. They thought that we were going to a small town, named Daughter of the Sea. It is Bat Yam in Hebrew," Nina says. Now Anna laughs, too. The girls go to a park and sit down on a bench. Nina's father arrives in an hour and takes them to the sea.

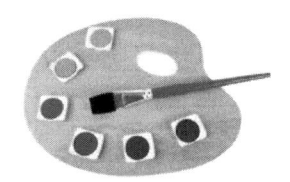

13

Ein Kleiner Job
A Small Job

A

Vokabel
Words

1. Angelegenheit, die - matter
2. Angestellte, der - employee
3. Aufgabe, die - task
4. Ausstellung, die - exhibition
5. Ball, der - ball
6. beachten - pay attention
7. beißen - bite
8. beschäftigt - busy
9. böse - bad
10. Ding, das - thing
11. dritte - third
12. einfacher - easier
13. fünfte - fifth
14. gebissen - bit
15. Geld, das - money
16. jede - each
17. Krokodil, das - crocodile
18. lässt fallen - drops
19. launisch - capricious
20. lustig - funny
21. mutig - brave
22. Prüfung, die - exam
23. setzen, legen, stellen - put
24. sofort - at once
25. statt - instead
26. trinken - drink
27. verdienen - earn
28. verschmitzt - sly
29. verwechselt - mixed up
30. vierte - fourth
31. Wächter, der - guard
32. während - during
33. wichtige - important
34. zufällig - random
35. zweite - second

B

Ein Kleiner Job

Diesen Sommer ist Robert etwas Lustiges passiert. Und zwar folgendes. Robert beschloss während des Sommers ein wenig Geld als Wächter zu verdienen. Er bewachte eine Katzenausstellung. Einmal bekam Robert eine wichtige Aufgabe übertragen. Er musste die Katzen in die Käfige sperren. Er musste auch den Namen jeder Katze auf den jeweiligen Käfig schreiben.
„In Ordnung", sagt Robert, „wie heißen diese großartigen Katzen?"
„Die Katze links ist Tom, neben ihm ist Jerry, Mickey sitzt hinten, Snickers und Baron sind rechts", erklärt ihm ein Angestellter der Ausstellung. Alle gehen und Robert bleibt mit den Katzen alleine. Er möchte Tee trinken. Er trinkt Tee und schaut die Katzen an. Die erste Katze putzt sich gerade. Die zweite schaut aus dem Fenster. Die dritte und vierte gehen durch das Zimmer. Die fünfte kommt auf Robert zu. Plötzlich beißt sie ihn in das Bein. Robert lässt die Tasse fallen. Sein Bein tut sehr weh.
„Du bist eine böse Katze, sehr böse!", schreit er, „Du bist keine Katze. Du bist wirklich ein Krokodil! Das kannst du nicht machen. Bist du Tom oder Jerry? Nein, du bist Mickey! Oder Snickers? Oder vielleicht Baron?", dann bemerkt Robert plötzlich, dass er die Katzen verwechselt. Er weiß die Namen der Katzen nicht und kann sie nicht in die richtigen Käfige sperren. Robert beginnt, die Namen der Katzen zu rufen.
"Tom! Jerry! Mickey! Snickers, Baron!", aber die Katzen beachten ihn nicht. Sie sind mit sich selbst beschäftigt. Zwei Katzen spielen mit einem Ball. Eine andere trinkt gerade Wasser. Und die anderen fressen gerade etwas. Wie soll er sich jetzt an die Namen der Katzen erinnern? Und es gibt niemanden, der Robert helfen

A Small Job

A funny thing happened to Robert in the summer. Here is what happened. Robert decided to earn some money as a guard during the summer. He guarded an exhibition of cats. Once an important task was given to Robert. He had to put the cats into cages. He also had to write a cat's name on each of the cage.
"OK," Robert says, "What are the names of these fine cats?"
"The cat on the left is Tom, the next one is Jerry, Mickey is in the back, Snickers and Baron are on the right," an employee of the exhibition explains to him. Everybody goes away and Robert stays alone with the cats. He wants to drink some tea. He drinks tea and looks at the cats. The first cat is cleaning itself. The second one is looking out the window. The third and fourth are walking around the room. And the fifth cat approaches Robert. Suddenly it bites him on the leg. Robert drops the cup. His leg hurts badly.
"You're a bad cat, very bad!" he cries, "You aren't a cat. You're a true crocodile! You can't do that. Are you Tom or Jerry? No, you're Mickey! Or Snickers? Or maybe Baron?" then suddenly Robert realizes that he mixed up the cats. He doesn't know the cats' names and cannot put each cat into its own cage. Robert begins to call out the cats' names.
"Tom! Jerry! Mickey! Snickers, Baron!" but the cats pay no attention to him. They are busy with their own matters. Two cats are playing with a ball. Another one is drinking water. And the others went to have some food. How can he remember the cats' names now? And there is nobody to help

könnte. Alle sind schon nach Hause gegangen. Dann schreit Robert „Miez, miez!". Alle Katzen drehen sich sofort zu Robert um. Und was jetzt? Alle Katzen schauen Robert an, drehen sich dann um und setzten sich neben das Fenster. Sie sitzen und schauen aus dem Fenster.

Sie sitzen alle dort und man weiß nicht, wie sie heißen. Robert fällt keine Lösung ein. Es ist einfacher, eine Prüfung zu bestehen, als die Namen der Katzen zu erraten.

Dann beschließt Robert jede Katze in irgendeinen Käfig zu sperren. Anstatt ihrer Namen, schreibt er folgendes an die Käfige: Schön, tapfer, schlau, launisch. Robert benennt die fünfte Katze, diejenige, die ihn gebissen hat, folgendermaßen „Achtung! Bissige Katze."

Robert. Everybody went home already. Then Robert calls out "Kitty kitty!" All the cats turn to once to Robert. What to do now? All the cats look at Robert then turn away and sit down by the window. They sit and look out of the window.

They all sit there, and it isn't clear what their names are. Robert can't think of anything. It is easier to pass an exam than to guess the name of each cat.

Then Robert decides to put each cat in a random cage. Here is what he writes on the cages instead of the names - Pretty, Brave, Sly, Capricious. Robert names the fifth cat, the one that bit him, this way: "Caution! Biting cat."

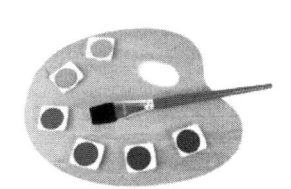

14

Halt!
Hold!

A

Vokabel

1. abfahrend - departing
2. Arbeitsbereich, der - field
3. Ausgabe, die - issue
4. bleiben - remain
5. direkt, gerade - straight
6. Eile, die - hurry
7. erstklassig - top-notch
8. Fachmann, der - professional
9. Fahrer, der - driver
10. fest - tight
11. festnehmen - detain
12. fragen - ask
13. Freitag, der - Friday
14. fröhlich - happily
15. gefasst - holding
16. Gehalt, das - salary
17. gewissenhaft - careful
18. Interesse, das - interest
19. Madame, die - Madam
20. Mittwoch, der - Wednesday
21. öffentlichen - public
22. Polizist, der - policeman
23. schreit - shouts
24. Schurke, der - scoundrel
25. Schwimmbad, das - swimming pool
26. Spaß machen - joke
27. trainiert - trained
28. Türen, die - doors
29. U-Bahn, die - subway
30. überholt - overtakes
31. verbringt - spends
32. Verkehrsmittel, die - transportation
33. verlieren - lose
34. vier - four
35. weiter - further
36. wird gerade repariert - being repaired
37. Zeitschriften, die - magazines
38. Zeitung, die - newspaper

B

| **Halt!** | *Hold!* |

David studiert am College. Normalerweise fährt David mit seinem eigenen Auto zum College. Aber jetzt wird sein Auto gerade repariert. Also nimmt David die öffentlichen Verkehrsmittel, um zum College zu gelangen - erst den Bus, dann die U-Bahn. Nach den Vorlesungen geht David mit seinen Freunden in ein Café um Mittag zu essen. Während des Mittagessens unterhalten sich die Freunde, sie machen Späße und erholen sich vom Unterricht. Dann geht David in die Bibliothek und verbringt dort vier Stunden. Er beendet einige Aufgaben und liest neue Bücher und Zeitschriften aus seinem Arbeitsbereich. David ist gewissenhaft und lernt gut. Er möchte ein erstklassiger Fachmann werden und ein gutes Gehalt verdienen. Am Mittwoch und am Freitag verlässt David die Bibliothek zwei Stunden früher und geht ins Schwimmbad. David möchte nicht nur ein guter Fachmann werden, sondern auch ein gut trainierter Mann sein. Am Abend trifft David seine Freunde oder geht direkt nach Hause.

Heute kauft er auf dem Heimweg die neueste Ausgabe der Zeitung und geht hinunter zur U-Bahn. David verlässt die U-Bahn und sieht, dass der Bus bereits an der Bushaltestelle steht. Er merkt, dass er zu spät zum Bus kommt. Er sieht eine alte Frau, die zum Bus rennt. David beginnt auch zu rennen. Er überholt die Frau und rennt weiter. Die Frau merkt auch, dass sie spät dran ist. Sie möchte keine Zeit verlieren und nicht auf den nächsten Bus waren. Sie schreit zu David: „Halt ihn auf!" Die Frau möchte, dass David den Fahrer bittet, den Bus einige Sekunden länger anzuhalten. Ein Polizist ist nicht weit enfernt vom Bus. Er hört, dass die Frau schreit. Der Polizist denkt, dass er den Mann festnehmen muss, dem die Frau

David studies at college. David usually drives to college in his own car. But now his car is being repaired. So David goes to college on public transportation - first by bus, then by subway. After lectures David goes with his friends to a café to have lunch. While they are having lunch, the friends talk, joke and have a rest from the lessons. Then David goes to the library and spends four hours there. He finishes some assignments, reads new books and magazines in his field. David is careful and studies well. He wants to be a top-notch professional and earn a good salary. On Wednesday and Friday David leaves the library two hours earlier and goes to the swimming pool. David wants to be not just a good professional, but a well trained man too. In the evening David meets his friends or goes straight home.

Today, on the way home, he buys the last issue of the newspaper and goes down into the subway. David comes out of the subway and sees that his bus is already at the bus stop. He realizes that he is late for this bus. He sees an old woman running to the bus. David starts to run too. He overtakes the woman and runs further. The woman sees that she is late, too. She doesn't want to lose time and wait for the next bus. She shouts to David: "Hold it!" The woman wants David to ask the driver to hold the bus for a few seconds. There is a policeman not far from the bus. He hears what the woman shouts. The policeman thinks that he has to detain the man the woman is running after. He catches David and holds him tight. The woman runs up to the bus. "Madam, I am holding this scoundrel!" the

nachrennt. Er fängt David und hält ihn fest. Die Frau rennt zum Bus.

„Madame, ich habe diesen Schurken gefasst", sagt der Polizist. Die Frau sieht den Polizisten überrascht an und sagt: „Gehen Sie mir aus dem Weg, bitte! Ich habe es eilig!"

Sie steigt glücklich in den Bus und die Türen schließen. David und der Polizist bleiben an der Bushaltestelle. Und die Frau sieht ihnen aus dem Fenster des abfahrenden Busses interessiert nach.

policeman says. The woman looks at the policeman with amazement and says: "Get out of the way, please! I'm in hurry!"

She happily gets on bus and the doors close. David and the policeman remain at the bus stop. And the woman looks at them with interest from the window of the departing bus.

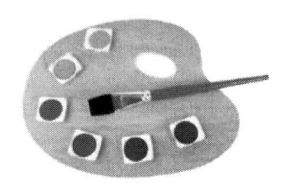

15

Ein Wunderbares Geschenk
A Wonderful Present

A

Vokabel

1. antwortet - replies
2. Arme, die - arms
3. auseinander - apart
4. beten - pray
5. Bibel, die - Bible
6. biegt - bends
7. biegt - bows
8. bindet - ties
9. dunkel - dark
10. erreichen - reach
11. fährt - driving
12. fliegt - flies
13. fünf - five
14. Goldfisch, der - goldfish
15. Heilige, der - Saint
16. hört zu - listening
17. Kindergarten, der - kindergarten
18. klingelt - rings
19. Kofferraum, der - trunk
20. liest - reading
21. malen - painting
22. Motor, der - engine
23. nahe - near
24. niedriger, nach unten - lower
25. reißt - rips
26. sanft - gently
27. schenkt - giving
28. schneit - snowing
29. schnurrend - purring
30. schreiend - crying
31. Seil, das - rope
32. steht - stands

33. Tisch, der - table
34. träumt - dreaming
35. vergnügt - joyfully
36. versucht - tries
37. Weihnachten, das - Christmas
38. wunderbar - wonderful
39. Zehenspitzen, die - tiptoe
40. zieht - pulls

B

Ein Wunderbares Geschenk

Tina ist die Nachbarin von David und Nancy. Sie ist ein kleines Mädchen. Tina ist fünf Jahre alt. Sie geht in den Kindergarten. Tina malt gerne. Sie ist ein folgsames Mädchen. Weihnachten kommt bald und Tina wartet auf die Geschenke. Sie möchte ein Aquarium mit Goldfischen.
„Mama, ich hätte gerne Goldfische zu Weihnachten", sagt Tina zu ihrer Mutter.
„Dann musst du zum Hl. Nikolaus beten. Er bringt guten Kindern immer Geschenke", antwortet ihre Mutter.
Tina schaut aus dem Fenster. Draußen ist es dunkel und es schneit. Tina schließt ihre Augen und beginnt von dem Aquarium mit Goldfischen zu träumen.
Ein Auto fährt am Haus vorbei. Es bleibt beim Haus nebenan stehen. David fährt es. Er lebt im Haus nebenan. Er parkt das Auto, steigt aus und geht nach Hause. Plötzlich sieht er, dass ein Kätzchen in einem Baum sitzt und laut miaut.
„Komm runter! Miez, miez!", sagt David. Aber das Kätzchen bewegt sich nicht. „Was soll ich jetzt machen?", denkt David.
„Ich weiß, wie ich es schaffe, dass du herunterkommst", sagt David. Er öffnet den Kofferraum und nimmt ein langes Seil heraus. Dann bindet er das Seil an den Ast, auf dem das Kätzchen sitzt. Das andere Ende des Seils bindet er an sein Auto. David setzt sich in das Auto, startet den Motor und fährt ein kleines Stück. Der Ast biegt sich weiter nach unten. David geht zu dem Ast und versucht das Kätzchen zu erreichen. Er erreicht es beinahe. David zieht leicht mit seiner Hand am Seil und der Ast biegt sich noch

A Wonderful Present

Tina is David's and Nancy's neighbor. She is a little girl. Tina is five years old. She goes to kindergarten. Tina likes painting. She is an obedient girl. Christmas is coming and Tina is waiting for the presents. She wants an aquarium with goldfish.
"Mom, I would like goldfish for Christmas," Tina says to her mom.
"Pray to St. Nicholas. He always brings good children presents," her mom replies.
Tina looks out the window. It is dark outside and it is snowing. Tina closes her eyes and starts dreaming about the aquarium with goldfish.
A car goes past the house. It stops near the next house. David is driving. He lives in the next house. He parks the car, gets out of it and goes home. Suddenly he sees that a kitten is sitting in a tree and crying loudly.
"Get down! Kitty kitty!" David says. But the kitten does not move. "What shall I do?" David thinks.
"I know how to make you get down," David says. He opens the trunk and takes out a long rope. Then he ties the rope to a branch that the kitten is sitting on. The other end of the rope he ties to the car. David gets in the car, starts the engine and drives a little way off. The branch bends and bows lower. David comes up to the branch and tries to reach the kitten.

weiter nach unten. David stcht auf seinen Zehenspitzen und streckt seine Hand aus. Aber in diesem Moment reißt das Seil auseinander und das Kätzchen fliegt auf die andere Seite.

„Oh oh!", schreit David. Das Kätzchen fliegt zum Nachbarhaus, in dem Tina lebt. David rennt dem Kätzchen nach.

Zu diesem Zeitpunkt sitzt Tina mit ihrer Mutter am Tisch. Die Mutter liest aus der Bibel vor und Tina hört aufmerksam zu. Plötzlich fliegt das Kätzchen durch das Fenster. Tina schreit überrascht.

„Schau, Mama! Der Hl. Nikolaus schenkt mir ein Kätzchen!", schreit Tina vergnügt. Sie nimmt das Kätzchen in ihre Hände und streichelt es sanft. Es klingelt an der Tür. Die Mutter öffnet die Tür. David ist an der Tür.

„Guten Abend! Ist das Kätzchen bei Ihnen?", fragt David Tinas Mutter.

„Ja, es ist hier", antwortet Tina. Das Kätzchen sitzt in ihren Armen und schnurrt. David sieht, dass sich das Mädchen sehr freut.

„Sehr gut. Dann hat es sein zu Hause gefunden", sagt David lächelnd und geht zurück nach Hause.

He almost reaches it. David pulls the rope slightly with his hand and the branch bows even lower. David stands on tiptoe and holds out his hand. But at this moment the rope rips apart and the kitten flies off to another side.

"Uh-oh!" David cries. The kitten flies to the next house, where Tina lives. David runs after the kitten.

At this time Tina is sitting with her mom at the table. The mom is reading the Bible and Tina is listening attentively. Suddenly the kitten flies in through the window. Tina shouts in surprise.

"Look, mom! Saint Nicolas is giving me a kitten!" Tina cries joyfully. She takes the kitten in her hands and pets it gently. The doorbell rings. The mom opens the door. David is at the door.

"Good evening! Is the kitten at your place?" David asks Tina's mom.

"Yes, it is here," Tina replies. The kitten is sitting in her arms and purring. David sees that the girl is very glad.

"Very well. It has found its home then," David smiles and goes back home.

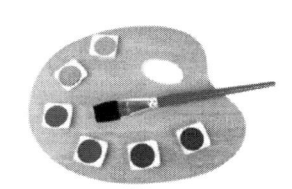

16

Geständnisse in einem Briefkuvert
Confessions in an Envelope

A

Vokabel

1. alte - ancient
2. älteste - oldest
3. Anfang, der - beginning
4. Ankunft, die - arrival
5. auf jeden Fall - certainly
6. begleitet - accompanies
7. begrüßt - greets
8. bekommen - gotten
9. bereit - ready
10. bewundert - admires
11. bezauberndes - charming
12. blöde - stupid
13. Brief, der - letter
14. Briefkuvert, das - envelope
15. chatten - chat
16. Eindrücke, die - impressions
17. einfach - simply
18. E-Mail, die - e-mail
19. empfehlen - advise
20. empfiehlt - recommends
21. entzückt - charmed
22. erhält - receive
23. errötet - blushing
24. es ist schade - it's a pity
25. Fans, die - fans
26. farbige - colorful
27. fliegen - fly
28. Flug, der - flight
29. Flugzeug, das - plane
30. Forum, das - forum
31. fürchterlich - terribly
32. Gebäude, die - buildings
33. Gedichte, die - poems
34. geeignet - suitable
35. Gefühle, die - feelings
36. gekauft - bought
37. geschäftlich - on business
38. gesprochen - spoke
39. Geständnis, das - confession
40. gleichgültig - indifferent
41. grauenvoll - awful
42. Heimatstadt, die - hometown

43. Internet, das - Internet
44. Juli, der - July
45. Kaffee, der - coffee
46. kalt - coldly
47. Kathedrale, die - cathedral
48. Koffer, der - suitcase
49. kritisieren - scolding
50. lädt ein - invites
51. legt auf - hangs up
52. Leidenschaft, die - passion
53. leuchtend - bright
54. lieben - love
55. lokalen - local
56. Mittag, der - noon
57. modern - modern
58. möglich - possible
59. nimmt - grabs
60. packen - pack
61. Person, die - person
62. Poesie, die - poetry
63. Postkarten, die - postcards
64. reagieren - react
65. romantisch - romantic
66. rot - red
67. schön - beautiful
68. schroff - harshly
69. schüchtern - shy
70. schüchtern - shyly
71. Sehenswürdigkeiten, die - sights
72. senden - send
73. sich - himself
74. Snack, der - snack
75. solch - such
76. Tagesanbruch, der - daybreak
77. Ticket, das - ticket
78. toll - amazing
79. töten - kill
80. treffen - meeting
81. Umgebung, die - environment
82. Urlaub, der - vacation
83. verfasst - composes
84. verhält - behaves
85. verschiedene - various
86. verschließt - seals
87. verstand - understood
88. Verzweiflung, die - despair
89. weg - gone
90. wütend - angry
91. Zentrum, das - centre
92. Zustelldienst, der - courier

B

Geständnisse in einem Briefkuvert

Robert interessiert sich für moderne Poesie. Er verbringt täglich viel Zeit im Internet. Er besucht oft verschiedene Foren und Chats über Poesie. In einem Forum für Poesieliebhaber trifft er Elena. Sie mag Poesie auch. Sie schreibt gute Gedichte. Robert bewundert ihre Gedichte. Und er mag auch Elena sehr gerne. Sie ist eine Studentin. Es ist schade, dass sie in einer anderen Stadt wohnt. Sie chatten jeden Tag im Internet, aber sie haben sich noch nie gesehen. Robert träumt davon, Elena zu treffen. Eines Tages schreibt ihm Elena, dass sie in einer anderen Stadt Urlaub machen möchte. Sie

Confessions in an Envelope

Robert is interested in modern poetry. He spends a lot of time on the Internet every day. He often visits various poetry forums and chats there. He meets Elena at a forum of poetry fans. She likes poetry, too. She writes good poems. Robert admires her poems. And he likes Elena very much, too. She is a student. It is a pity she lives in another city. They chat on the Internet every day, but they have never seen each other. Robert dreams of meeting Elena. One day Elena writes him that she wants to go to some other city on vacation. She says

sagt, dass sie einen Umgebungswechsel will und neue Eindrücke sammeln möchte. Robert lädt sie mit Vergnügen ein. Elena stimmt zu. Sie kommt Anfang Juli an und übernachtet in einem Hotel. Robert ist von ihr entzückt. Elena ist wirklich ein bezauberndes Mädchen. Am Tag ihrer Ankunft zeigt Robert ihr die lokalen Sehenswürdigkeiten.

„Das ist die älteste Kathedrale in der Stadt. Ich komme hier gerne her", sagt Robert.

„Oh, hier ist es einfach toll!", antwortet Elena.

„Gibt es interessante Orte in deiner Heimatstadt?", fragt Robert. „Meine Schwester Gabi wird geschäftlich in einigen Tagen dorthin fliegen. Sie bittet dich, ihr einige Orte dort zu empfehlen", sagt er.

„Das Stadtzentrum ist sehr schön", empfiehlt Elena. „Dort gibt es sehr viele alte Gebäude. Aber wenn sie einen kleinen Snack essen will, sollte sie nicht in das Kaffeehaus 'Big Bill' gehen. Der Kaffee ist dort grauenvoll!"

„Das werde ich ihr auf jeden Fall ausrichten", sagt Robert und lacht.

Am Abend begleitet Robert Elena bis zum Hotel. Auf dem ganzen Weg nach Hause denkt er dann darüber nach, was er tun soll. Er möchte Elena von seinen Gefühlen erzählen, aber er weiß nicht, wie er es machen soll. Sie verhält sich wie eine gute Freundin und er weiß nicht, wie sie auf sein Geständnis reagieren würde. In ihrer Nähe ist er schüchtern. Deshalb entscheidet er sich schließlich ihr seine Liebe in einem Brief zu gestehen. Aber er möchte ihr die Botschaft nicht per E-Mail senden. Das scheint ihm nicht passend für so ein romantisches Mädchen wie Elena. In einem Laden in der Nähe von zu Hause sieht er Postkarten und farbige Briefkuverts. Robert mag leuchtend rote Briefkuverts und er kauft eines. Er hofft, dass Elena es auch mögen wird. Roberts Schwester Gabi kommt am Abend.

„Und, magst du Elena?", fragt sie.

„Ja, sie ist ein sehr bezauberndes Mädchen", antwortet Robert.

she wants to change the environment and to get new impressions. Robert invites her with pleasure. Elena agrees.

She arrives in the beginning of July and stays at a hotel. Robert is charmed by her. Elena is really a charming girl. On the day of her arrival Robert shows her the local sights.

"This is the oldest cathedral in the city. I like to come here," Robert says.

"Oh, it is just amazing here!" Elena replies.

"Are there any interesting places in your hometown?" Robert asks, "My sister Gabi is going to fly there in a few days on business. She asks you to advise her where she can go there," he says.

"The centre of the city is very beautiful," Elena recommends, "There are a lot of ancient buildings there. But if she wants to have a snack, she should not go to the coffee house 'Big Bill'. The coffee is awful there!"

"I'll certainly tell her," Robert laughs.

In the evening John accompanies Elena on the way to the hotel. Then all the way home he thinks about what he should do. He wants to tell Elena about his feelings, but doesn't know how to do this. She behaves with him as with a friend, and he doesn't know how she would react to his confession. He feels shy with her. That is why he finally decides to write her a confession of his love in a letter. But he doesn't want to send the letter by e-mail. It seems to him not to be suitable for such a romantic girl as Elena. He sees postcards and colorful envelopes in a shop not far from home. Robert likes bright red envelopes and he buys one. He hopes that Elena will like it, too. Robert's sister Gabi came in the evening.

"Well, do you like Elena?" she asks.

"Yes, she is a very charming girl," Robert

„Ich freue mich das zu hören. Ich werde morgen Mittag in ihre Stadt fliegen. Ich habe das Ticket schon gekauft", redet Gabi weiter.
„Sie empfiehlt dir, das Stadtzentrum zu besichtigen", sagt Robert.
„In Ordnung. Bedanke dich bitte bei ihr für den Ratschlag", antwortet Gabi.
Robert sitzt die ganze Nacht am Tisch im Wohnzimmer und verfasst sein Liebesgeständnis an Elena. Er schreibt ihr ein langes Liebesgeständnis. Bei Tagesanbruch verschließt er den Brief im roten Umschlag und lässt ihn auf dem Tisch liegen. Am Morgen ruft er einen Zustelldienst und gibt ihm den Brief. Er möchte, dass Elena sein Liebesgeständnis so bald wie möglich erhält. Robert macht sich viele Sorgen und deshalb geht er spazieren. Er ruft Elena eine Stunde später an.
„Guten Morgen, Lena", begrüßt er sie.
„Guten Morgen, Robert", antwortet sie ihm.
„Hast du meinen Brief schon bekommen?", fragt er und errötet.
„Ja, habe ich", sagt sie kalt.
„Vielleicht können wir uns treffen und spazieren gehen...", sagt er schüchtern.
„Nein. Ich muss meinen Koffer packen. Zu Hause warten sie schon auf mich", sagt sie schroff und legt auf. Robert ist einfach verzweifelt. Er weiß nicht, was er tun soll. Er beginnt, sich selbst zu kritisieren, weil er das Liebesgeständnis geschrieben hat. In diesem Moment ruft ihn seine Schwester an. Sie ist fürchterlich wütend.
„Robert, wo ist mein Flugticket? Ich habe es auf dem Tisch im Wohnzimmer liegen gelassen! Es war in einem roten Briefkuvert. Aber jetzt ist es weg! Es ist nur ein Brief im Kuvert! Was soll dieser blöde Scherz?!", schreit Gabi.
Robert kann es nicht glauben. Jetzt versteht er alles. Elena hat vom Zustelldienst ein Ticket für den heutigen Flug in ihre Stadt bekommen. Sie war überzeugt davon, dass Robert sie nicht mag und dass er möchte, dass sie die Stadt verlässt.

answers.
"I'm glad to hear it. I'll fly to her city tomorrow at noon. I've already bought a ticket," Gabi continues.
"She advises you to visit the center of the city," Robert says.
"Okay. Thank her for the advice, please," Gabi replies.
Robert sits at the table in a living room and composes a love confession to Elena all night. He writes her a long love confession. He seals the letter into the red envelope at daybreak and leaves it on the table. He calls a courier in the morning and gives him the letter. He wants Elena to receive his love confession as soon as possible. Robert is very worried so he goes out for a walk. He calls Elena an hour later.
"Good morning, Lena," he greets her.
"Good morning, Robert," she answers him.
"Have you already gotten my letter?" he asks, blushing.
"Yes, I have," she says coldly.
"Maybe let's meet and take a walk.." he says shyly.
"No. I need to pack the suitcase. They are already waiting for me at home," she says harshly and hangs up. Robert is simply in despair. He doesn't know what to do. He begins scolding himself for having written the love confession. At this moment his sister calls him. She is terribly angry.
"Robert, where is my plane ticket? I left it on the table in the living room! It was in a red envelope. But now it's gone! There is a letter there! What's the stupid joke?!" Gabi cries.
Robert can't believe it. Everything is clear to him now. Elena has received a ticket for today's flight to her city from the courier. She decided that Robert doesn't like her and he wants her to leave.
"Robert, why are you silent?" Gabi is angry, "Where is my ticket?"

„Robert, warum sagst du nichts?", sagt Gabi wütend, „wo ist mein Ticket?".
Robert versteht, dass heute zwei Frauen auf einmal bereit sind, ihn zu töten. Aber er freut sich, dass er Elena nicht gleichgültig ist. Wie leidenschaftlich sie mit ihm gesprochen hat! Sie hat auch Gefühle für ihn! Er rennt vergnügt nach Hause, nimmt das Liebesgeständnis vom Tisch und rennt zu Elena, um es ihr persönlich vorzulesen.

Robert understood that today two women at once are ready to kill him. But he is happy that Elena is not indifferent towards him. With what passion she spoke to him! She has feelings towards him, too! He joyfully runs home, grabs the love confession from the table and runs to Elena to read it to her in person.

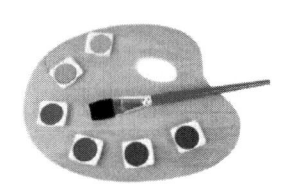

17

Eine Spezialität des Hauses
A Specialty of the House

A

Vokabel

1. anrufen - phone
2. Backrohr, das - oven
3. begann - began
4. Beine, die - legs
5. Bescheid sagen - warn
6. bespritzt - splashes
7. braten - fry
8. dringend - urgently
9. einpacken - wrap
10. Folie, die - foil
11. gebracht - brought
12. Hähnchen, das - chicken
13. hervorstehend - sticking out
14. hinter - behind
15. kalt - cold
16. kompliziert - complicated
17. köstlich - delicious
18. kurz - short
19. Lärm, der - noise
20. Leute, die - people
21. Minuten, die - minutes
22. mit großen Augen - wide-eyed
23. Paarung, die - mating
24. Packung, die - packet
25. Picknick, das - picnic
26. schrecklich - terrible
27. sich sehr bemühen - try hard
28. Spezialität, die - specialty
29. unterbricht - interrupts
30. verlockend - appetizing
31. wurde ohnmächtig - fainted
32. ziemlich - pretty

Eine Spezialität des Hauses

Gabi kocht sehr gutes Hähnchen mit Gemüse. Es ist ihre Spezialität. Eines Tages bittet Robert sie, ihm dieses köstliche Gericht zu kochen. Robert wird mit seinen Freunden ein Picknick machen. Er möchte seinen Freunden mit einem leckeren Gericht eine Freude machen. Er will, dass Gabi das Hähnchen nicht brät, sondern im Backrohr bäckt. Aber Gabi bietet ihm an, es schnell zu braten, weil sie nicht genug Zeit hat. Robert ist einverstanden.
„Gabi, ich habe keine Zeit um vorbeizukommen und das Hähnchen rechtzeitig abzuholen", sagt Robert zu ihr, „Elena wird zu dir kommen und das Hähnchen abholen. In Ordnung?"
„In Ordnung", sagt Gabi, „ich werde es Elena geben."
Gabi bemüht sich sehr, das Hähnchen mit Gemüse gut zu kochen. Es ist ein ziemlich kompliziertes Gericht. Aber Gabi ist eine hervorragende Köchin. Das Hähnchen ist endlich fertig. Das Gericht sieht sehr verlockend aus. Gabi sieht auf die Uhr. Elena sollte bald kommen. Aber plötzlich wird Gabi aus der Arbeit angerufen. Heute hat Gabi frei, aber Leute in ihrer Arbeit bitten sie, wegen eines wichtigen Problems kurz vorbeizukommen. Sie sollte dringend hinfahren. Es ist auch ein altes Kindermädchen und ein Kind zu Hause. Das Kindermädchen hat erst vor kurzem angefangen, bei ihnen zu arbeiten.
„Ich muss kurz beruflich weggehen", sagt Gabi zu dem Kindermädchen. „Eine junge Frau wird das Hähnchen in zehn Minuten abholen. Das Hähnchen wird jetzt schon kalt. Sie müssen es in Folie einpacken und der jungen Frau geben. In Ordnung?", fragt sie.
„In Ordnung", antwortet das Kindermädchen. „Machen Sie sich keine Sorgen, Gabi. Ich werde es genau so machen."
„Danke!", bedankt sich Gabi bei dem Kindermädchen und geht aus beruflichen Gründen

A Specialty of the House

Gabi cooks a very fine chicken with vegetables. It is her specialty dish. One day Robert asks her to cook him this delicious dish. Robert is going on a picnic with his friends. He wants to please his friends with a tasty dish. He wants Gabi not to fry chicken, but to cook it in an oven. But Gabi offers him to quickly fry it because she hasn't enough time. Robert agrees to it.
"Gabi, I don't have time to come and take the chicken on time," Robert says to her, "Elena will come and will take the chicken. Okay?"
"Okay," Gabi says, "I'll give it to Elena."
Gabi tries hard to the cook chicken with vegetables well. It is a pretty complicated dish. But Gabi is an excellent cook. Finally, the chicken is ready. The dish looks very appetizing. Gabi looks at the watch. Elena should come soon. But suddenly they phone Gabi from work. Today Gabi has a day off, but people at work ask her to come for a short time because of some important issue. She should go urgently. There is also an old nanny and a child at home. The nanny began working for them not long ago.
"I need to go for a short time on business," Gabi says to the nanny, "A girl will come for the chicken in ten minutes. The chicken is getting cold now. You will have to wrap it in foil and give it to the girl. Okay?" she asks.
"Okay," the nanny replies, "Do not worry, Gabi, I'll do it as you say."
"Thank you!" Gabi thanks the nanny

weg. Zehn Minuten später kommt eine junge Frau.
„Hallo. Ich komme um...", sagt sie.
„Ich weiß, ich weiß", unterbricht sie das Kindermädchen, „wir haben es schon gebraten."
„Sie haben es gebraten?", die junge Frau starrt das Kindermädchen mit großen Augen an.
„Ich weiß, dass sie es nicht braten wollten. Aber keine Sorge, wir haben es gut gebraten. Es ist sehr lecker geworden. Ich werde es für Sie einpacken", sagt das Kindermädchen und geht in die Küche.
Die junge Frau folgt dem Kindermädchen langsam in die Küche.
„Warum haben Sie es gebraten?", fragt die junge Frau noch einmal.
„Ich weiß, dass sie es nicht so haben wollten. Aber keine Sorge", antwortet das Kindermädchen, „es ist sehr lecker. Sie werden sich freuen."
Die junge Frau sieht, dass die alte Frau etwas Gebratenes einpackt. Die Beine stehen hervor. Plötzlich hört die alte Frau einen Lärm und dreht sich um. Sie sieht, dass die junge Frau ohnmächtig geworden ist.
„Oh, wie schrecklich!", schreit die alte Frau, „was soll ich jetzt machen?" Sie bespritzt die junge Frau mit Wasser und die junge Frau kommt langsam zu sich. In diesem Moment kommt Gabi zurück nach Hause.
„Oh, ich habe vergessen, Ihnen Bescheid zu sagen", sagt Gabi zu dem Kindermädchen, „das ist meine Freundin, die gekommen ist um ihre Katze wieder abzuholen. Sie hat sie zu unserem Kater gebracht, damit sie sich paaren können. Und was ist hier passiert?"

and quickly leaves on business. The girl comes in ten minutes.
"Hello. I came to take.." she says.
"I know, I know," the nanny interrupts her, "We have already fried it."
"You fried it?" the girl stares wide-eyed at the nanny.
"I know that you didn't want to fry it. But don't worry, we've fried it well. It turned out very tasty! I'll pack it for you," the nanny says and goes to the kitchen. The girl slowly goes to the kitchen behind the nanny.
"Why did you fry it?" the girl asks again.
"I know that you didn't want it that way. But do not worry," the nanny answers, "It is really tasty. You will be glad."
The girl sees that the old woman wraps in a packet something fried, with its legs sticking out. Suddenly the old woman hears a noise and turns around. She sees that the girl has fainted.
"Oh, how terrible!" the old woman cries, "What shall I do now?" She splashes some water on the girl, and the girl slowly comes to. At this moment Gabi comes back home.
"Oh, I forgot to warn you," Gabi says to the nanny, "This is my friend who came to take back her cat. She brought it to our cat for mating. And what happened here?"

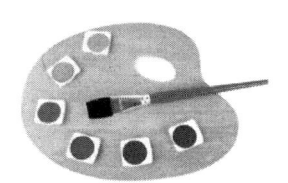

18

Tulpen und Äpfel
Tulips and Apples

A

Vokabel

1. älterer - elderly
2. Apfel, der - apple
3. Äste, die - branches
4. beweisen - prove
5. blühen - blossom
6. Blumenbeet, das - flowerbed
7. Detail, das - detail
8. diskutieren - discuss
9. einfach - simple
10. enthusiastisch - enthusiastically
11. Erstaunen, das - astonishment
12. falsch - incorrect
13. Frühling, der - spring
14. gehört - belongs
15. Gericht, das - court
16. Gesetze, die - laws
17. gesunder Menschenverstand - common sense
18. getrennt - separated
19. hängen - hang
20. interessiert - interested
21. liebsten - favorite
22. lösen - resolve
23. Lösung, die - solution
24. Meinung, die - opinion
25. Notizbücher, die - notebooks
26. Paragrafen, die - articles
27. Rechtswissenschaft, die - jurisprudence
28. Richter, der - judge
29. schrieb - wrote
30. schüttelt - shakes
31. Stelle, die - point
32. Streit, der - dispute
33. streng - strict
34. studiert - studying
35. Tulpen, die - tulips
36. über - over
37. Verstand, der - sense

38. wächst - grows
39. Zaun, der - fence
40. zerstören - break

B

Tulpen und Äpfel

Robert studiert gerne. Und eines seiner liebsten Fächer ist Rechtswissenschaft. Der Lehrer der Rechtswissenschaft ist ein älterer Professor. Er ist sehr streng und gibt seinen Studenten oft schwierig Aufgaben.
Eines Tages beschließt der Professor einen Test zu machen. Er stellt eine interessante Aufgabe über zwei Nachbarn. Die Nachbarn leben sehr nahe beieinander. Es steht nur ein Zaun zwischen ihren Grundstücken. Auf der einen Seite des Zauns wächst ein Apfelbaum. Es gibt ein Blumenbeet mit Tulpen auf der anderen Seite des Zauns. Das Blumenbeet gehört dem anderen Nachbarn. Aber der Apfelbaum ist sehr groß. Seine Äste hängen über den Zaun in den Garten des anderen Nachbars. Die Äpfel fallen genau in das Blumenbeet und zerstören die Blumen. Der Professor fragt die Studenten, wie ein Richter im Gericht diesen Streit lösen würde.
Einige Studenten glauben, dass der Besitzer der Tulpen recht hat. Andere sagen, dass der Besitzer des Apfelbaumes recht hat. Sie nennen verschiedene Gesetze, die beweisen, dass sie recht haben. Die Studenten diskutieren enthusiastisch die Aufgabe untereinander. Aber an dieser Stelle bittet sie der Professor, den Streit zu beenden.
„Jeder von euch hat seine eigene Meinung", sagt der Professor. „Öffnet jetzt bitte eure Notizbücher für den Test und schreibt bitte eure Lösung für diese Aufgabe im Detail auf."
Es wird still im Klassenzimmer. Alle schreiben ihre Antworten in die Notizbücher. Robert schreibt, dass der Besitzer der Tulpen recht hat und erkärt seine Meinung im Detail.

Tulips and Apples

Robert likes studying. And one of his favorite subjects is jurisprudence. The teacher of jurisprudence is an elderly professor. He is very strict and often gives difficult tasks to the students.
One day the professor decides to give a test. He gives an interesting assignment about two neighbors. The neighbors live very close from one another. They are separated only by a fence. On one side of the fence grows an apple tree. There is a flowerbed with tulips on the other side of the fence. The flowerbed belongs to the other neighbor. But the apple tree is very big. Its branches hang over the fence into the garden of the other neighbor. The apples fall from it right on the flowerbed and break flowers. The professor asks students how a judge in a court would resolve this dispute.
Some students believe that the owner of the tulips is right. Others say that the owner of the apple tree is right. They recall different laws that prove that they are right. The students discuss the assignment with each other enthusiastically. But at this point the professor asks them to stop the dispute.
"Each of you have your own opinion," the professor says, "Now open your notebooks for tests and write in detail your solution to the assignment, please."
It gets quiet in the classroom. Everybody is writing their answers in the notebooks. Robert is writing that the owner of the tulips is right and explains his opinion in detail.

In einer Stunde geht die Vorlesung zu Ende und der Professor sammelt die Arbeiten der Studenten ein. Er steckt alle Tests zusammen in seinen Koffer und ist kurz davor wegzugehen. Aber die Studenten bitten ihn, noch eine kurze Weile zu bleiben. Sie sind daran interessiert zu wissen, welche Lösung der Aufgabe die richtige ist. „Herr Professor, was war die richtige Antwort?", fragt Robert, „wir wollen es alle wissen!" Der Professor lacht verschmitzt. „Wisst ihr", antwortet der Professor, „es ist sehr einfach. Tulpen blühen im Frühling. Und Äpfel fallen nur im Herbst vom Baum. Aus diesem Grund können die Äpfel nicht auf die Tulpen fallen. Diese Situation kann nicht stattfinden." Die Studenten begreifen erstaunt, dass er recht hat. Und das bedeutet, dass ihre Antworten falsch sind und sie schlechte Noten auf ihre Tests bekommen werden. „Aber Herr Professor, wir haben trotz allem sehr gute Tests geschrieben", sagt einer der Studenten, „wir kennen die Gesetze ziemlich gut. Sie können uns nicht nur wegen der Tulpen schlechte Noten geben." Aber der Professor schüttelt seinen Kopf. „Es reicht nicht, die Gesetze zu kennen", erklärt er, „ihr solltet erst euren gesunden Menschenverstand einschalten und erst dann über die Gesetzesparagrafen nachdenken!"	*The lesson comes to the end in an hour and the professor gathers the students' works. He puts the tests together in his case and is about to leave. But the students ask him to stay for a short while. They are interested to know what solution to the assignment is the right one.* *"Mr. Professor, what is the right answer?" Robert asks, "We all want to know it!"* *The professor laughs slyly.* *"You see," the professor replies, "It's very simple. Tulips blossom in the spring. And apples fall down only in the autumn. That's why the apples can't fall down on the tulips. This situation can't happen."* *The students understand that he is right with astonishment. And it means that their answers are incorrect and they'll get low marks for the tests.* *"But Mr. Professor, after all, we wrote very good tests," one of the students says, "We know the laws quite well. You cannot give us low marks only because of tulips."* *But the professor shakes his head.* *"It isn't enough to know the laws," he explains, "You should turn on your common sense first and only then think of the articles of laws!"*

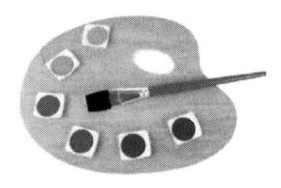

19

Torte
Cake

A

Vokabel

1. achtjährige - eight-year-old
2. Arbeit, die - work
3. Aufschrift, die - inscription
4. backen - bake
5. backend - baking
6. bespritzt - splattered
7. Bruder, der - brother
8. Computer, der - computer
9. Creme, die - cream
10. Druck, der - print
11. einfetten - grease
12. Eltern, die - parents
13. entsprechend - according
14. Explosion, die - explosion
15. Geburtstag, der - birthday
16. gefährlich - dangerous
17. Gegenstände, die - objects
18. Geruch, der - smell
19. hält sich - considers
20. Holz, das - wood
21. kleben - gluing
22. Kleber, der; Klebstoff, der - glue
23. Kleingedruckte, das - fine print
24. kocht - cooking
25. Kühlschrank, der - fridge
26. kulinarisch - culinary
27. Leder, das - leather
28. Omelett, das - omelette
29. Packung, die - package
30. Porzellan, das - porcelain
31. Rauch, der - smoke
32. Rezept, das - recipe

33. Schränke, die - cabinets
34. Schublade, die - drawer
35. Schwester, die; Schwesterherz, das - sis
36. Spiel, der - game
37. stolz - proud
38. Suppe, die - soup
39. Talent, das - talent
40. Tochter, die - daughter
41. Torte, die - cake
42. Tube, die - tube

43. unterste - lowermost
44. Vater, der - daddy
45. Vater, der - father
46. verwirrt - confused
47. vielleicht - perhaps
48. vierzig - forty
49. voll - full
50. wirklich - real
51. Wort, das - word
52. zurechtkommen - manages

B

Torte

Die achtjährige Nancy kocht sehr gerne. Sie kann eine köstliche Suppe und ein Omelett zubereiten. Linda hilft ihrer Tochter manchmal, aber Nancy kommt auch ganz gut alleine zurecht. Alle sagen, dass das Mädchen ein kulinarisches Talent besitzt. Nancy ist sehr stolz darauf. Sie hält sich selbst für eine echte Köchin. Daher beschließt sie eines Tages, für ihren Vater Christian ein Geschenk zu seinem Geburtstag zuzubereiten. Sie möchte ihm eine köstliche Torte backen. Nancy findet ein geeignetes Rezept für eine Torte. Ihre Eltern gehen arbeiten und Nancy bleibt mit ihrem Bruder zu Hause. Aber David passt nicht auf sie auf. Er spielt gerade in seinem Zimmer ein Computerspiel. Nancy beginnt, die Torte zuzubereiten. Sie folgt streng dem Rezept und es scheint, als könne sie alles machen. Als sie plötzlich folgendes im Rezept liest: „Fetten Sie den Teig mit kulinarischem Kleber ein." Nancy ist verwirrt. Es gibt sehr viel Essen im Kühlschrank, aber keinen Klebstoff. Sie beginnt in den Küchenschränken zu suchen, als sie plötzlich in der untersten Schublade eine Tube mit der Aufschrift 'Kleber' findet. Das Wort 'kulinarisch' steht jedoch nicht auf der Packung. Aber Nancy beschließt, dass das nicht so wichtig ist. Das wichtigste ist ja schließlich,

Cake

Eight-year-old Nancy likes cooking very much. She can cook a delicious soup and an omelette. Linda helps her daughter sometimes, but Nancy manages on her own quite well. Everybody says that the girl has a talent for culinary. Nancy is very proud of it. She considers herself a real cook. So one day she decides to prepare a present for her father Christian on his birthday. She wants to bake a delicious cake for him. Nancy finds a suitable cake recipe. The parents go to work, and Nancy stays at home with her brother. But David is not looking after her. He is playing a computer game in his room. Nancy starts preparing the cake. She follows the recipe strictly and it seems that she can do everything. When suddenly she reads in the recipe: "Grease the dough with culinary glue." Nancy gets confused. There is a lot of food in the fridge but there is no glue. She starts looking in the kitchen cabinets when suddenly in the lowermost drawer she finds a tube with the inscription 'Glue'. There isn't the word 'culinary' on the package though. But Nancy decides it is not so important. After all, the main thing it is the glue. Though, this glue is for gluing objects made of

dass es Klebstoff ist. Dieser Kleber ist jedoch dazu da, um Gegenstände aus Holz, Leder oder Porzellan zusammenzukleben. Aber Nancy hat das Kleingedruckte nicht gelesen. Sie fettet den Teig entsprechend dem Rezept mit dem Kleber ein. Dann stellt sie den Teig in das Backrohr und verlässt die Küche. Die Torte sollte vierzig Minuten lang backen.
Zwanzig Minuten später kommen ihre Eltern zurück nach Hause.
„Was kommt da für ein köstlicher Geruch aus der Küche?", fragt Christian.
Nancy will ihm gerade antworten, aber plötzlich hören sie eine Explosion in der Küche! Überrascht öffnet Christian die Tür zur Küche und sieht, dass die ganze Küche voller Rauch ist. Die Tür des Backrohrs ist mit Teig bespritzt und es stinkt fürchterlich. Christian und Linda sehen ihre Tochter überrascht an.
„Nun ja, ich wollte eine Torte mit einer leckeren Creme für Papa backen ...", sagt Nancy leise.
„Was hast du hineingetan?", fragt ihr Bruder.
„Mach dir keine Sorgen, Schwesterherz! Wenn deine Torte so gefährlich ist, ist es vielleicht besser, dass sie nicht fertig gebacken wurde."

wood, leather and porcelain. But Nancy hasn't read this fine print. She greases the dough with glue according to the recipe. Then she puts the dough into the oven and leaves the kitchen. The cake should bake for forty minutes.
Twenty minutes later, the parents come back home.
"What is this delicious smell from the kitchen?" Christian asks.
Nancy is about to answer him, but suddenly an explosion is heard in the kitchen! Surprised, Christian opens the door to the kitchen and they see that the whole kitchen is full of smoke, the oven door is splattered with dough and there is an awful smell. Christian and Linda look in surprise at the daughter.
"Well, I was going to bake a cake with tasty cream for the daddy..." Nancy says quietly.
"What did you put there?" the brother asks, "Don't worry, sis! If your cake is so dangerous, then it is perhaps better that it hasn't finished baking."

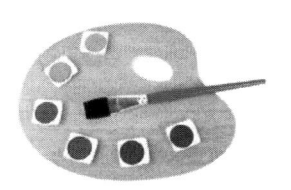

20

Exotisches Abendessen
Exotic Dinner

A

Vokabel

1. Alternative, die - alternative
2. Anstrengung, die - strain
3. asiatisch - Asian
4. ausgeben - spending
5. austauschen - exchange
6. Barbar, der - barbarian
7. besten - best
8. Betrag, der - sum
9. blättern - flip
10. bleich - pale
11. Blicke, die - glances
12. Bräuche, die - customs
13. Deckel, der - lid
14. Delikatesse, die - delicacy
15. Dollar, der - dollars
16. Dorf, das - village
17. erwartet - expect
18. essend - eating
19. Exkremente, die - excrements
20. exotisch - exotic
21. fett - fat
22. fünfzehn - fifteen
23. Gabel, die - fork
24. geschnittenes - cut
25. Größe, die - size
26. heranwächst - grow
27. hundert - hundred
28. in der Nähe - nearby
29. inzwischen - meanwhile
30. Kellner, der - waiter
31. Koch, der - chef
32. kostet - cost
33. kriechen - crawling
34. Küche, die - cuisine
35. Land, das - country
36. Länge, die - length
37. lebendig - alive
38. machte nicht - didn't

39. nichts - nothing
40. Norden, der - north
41. probieren - taste
42. Raupe, die - caterpillar
43. Rechnung, die - bill
44. Restaurant, das - restaurant
45. riesig - huge
46. Schamane, der - shaman
47. schlecht, arm - poor
48. schließlich - at last
49. schreien - shouting
50. selten - rare
51. Speisekarte, die - menu
52. spießt - stabs
53. Sprache, die - language
54. stark - strong
55. Teller, der - plate
56. teuer - expensive
57. Traditionen, die - traditions
58. Übersetzung, die - translation
59. ungewöhnliche - unusual
60. unglaublich - incredibly
61. unzivilisiert - uncivilized
62. Verlegenheit, die - embarrassment
63. versuchen - try
64. vor kurzem - recently
65. vorbeischauen - drop by
66. wählt - chooses
67. welche - which
68. wiederbeleben - revive
69. wird ohnmächtig - faints
70. Zentimeter, die - centimeters

B

Exotisches Abendessen

Robert und Elena machen in einem asiatischen Land Urlaub. Sie verreisen sehr gerne. Robert interessiert sich für ungewöhnliche Traditionen und Bräuche. Und sie lernen natürlich auch gerne etwas über die Küchen der verschiedenen Länder. Also entscheiden sie sich diesmal dafür, im besten und berühmtesten örtlichen Restaurant vorbeizuschauen. Es ist ein ziemlich teures Restaurant, aber sie wollen die köstlichsten und interessantesten Gerichte probieren und haben nichts dagegen dafür Geld auszugeben. Sie blättern lange durch die Speisekarte. Es gibt keine englische Übersetzung der Speisekarte. Und sie können die örtliche Sprache überhaupt nicht, daher verstehen sie gar nichts. Robert wählt eines der teuersten Gerichte - es kostet zweihundertzwanzig Dollar.
Der Koch selbst bringt ihnen dieses teure Gericht. Er nimmt den Deckel ab und sie sehen viel geschnittenes Gemüse und Blätter auf dem Teller. Eine riesige fette Raupe, etwa fünfzehn

Exotic Dinner

Robert and Elena take a vacation in an Asian country. They like traveling very much. Robert is interested in unusual traditions and customs. And of course they like to learn about the cuisines of different countries. So this time they decide to drop by at the best and most famous local restaurant. It is a quite expensive restaurant but they want to taste the most delicious and interesting dishes, and they don't mind spending money on them. They flip through the menu for a long time. There is no English translation in the menu. But they don't know the local language at all, so they can understand nothing. Robert chooses one of the most expensive dishes - it costs two hundred and twenty dollars. The chef brings this expensive dish to them himself. He takes off the lid and they see a lot of cut vegetables and leaves on the plate. A huge fat caterpillar, about fifteen centimeters in length, is in the middle. The

Zentimeter lang, ist in der Mitte. Die Raupe ist nicht nur riesig, sondern auch lebendig! Elena und Robert sehen sie verlegen an. Inzwischen beginnt die Raupe langsam zu kriechen und die Blätter um sie herum auf dem Teller zu essen. Elena und Robert haben so etwas natürlich überhaupt nicht erwartet! Der Koch und der Kellner schauen auch auf die Raupe und gehen nicht weg. Ein anstrengender Moment folgt. Dann nimmt Robert eine Gabel und spießt die Raupe auf. Er beschließt schließlich sie zu essen. Der Koch sieht es und wird ohnmächtig! Und der Kellner beginnt laut in einer Sprache zu schreien, die sie nicht verstehen. Robert versteht gar nichts. In diesem Moment kommt ein anderer Gast von einem Tisch in der Nähe von ihnen auf sie zu. Er erklärt Robert in schlechtem Englisch, dass diese Raupe nicht gegessen wird. Sie ist unglaublich teuer und es dauert mehr als fünf Jahre, damit sie auf diese Größe heranwächst. Die Exkremente dieser Raupe, die man auf dem Teller findet, wenn sie die Blätter isst, gelten als teure Delikatesse. Diese Exkremente der Raupe kosten zweihundertzwanzig Dollar. Elena und Robert tauschen schweigsam Blicke aus.

„Das ist fürchterlich unzivilisiert!", sagt Robert.

„Oh, das ist es nicht. Sie denken nun, dass du der Barbar bist!", sagt ein anderer Gast und lächelt. „Weil du diese teure Küche nicht verstehst! Außerdem hast du diese seltene Raupe getötet, wie ein wirklicher Barbar!"

An dieser Stelle kommt der bleiche Kellner und bringt die Rechnung für die getötete Raupe. Robert schaut den Betrag der Rechnung an und wird auch bleich.

„Wissen Sie", sagt Robert, „vor kurzem waren wir in einer sehr kleinen Stadt im Norden ihres Landes. Dort gibt es einen hervorragenden, sehr starken Schamanen. Vielleicht ist er einverstanden zu versuchen, sie wieder zum Leben zu bringen? ... Ich glaube, das wäre eine gute Alternative..."

caterpillar is not only huge, but it is also alive! Elena and Robert look at it in embarrassment. Meanwhile, the caterpillar starts slowly crawling and eating the leaves around itself on the plate. Of course, Elena and Robert didn't expect something like this at all! The chef and the waiter look at the caterpillar, too, and don't go away. A moment of strain follows. Then Robert takes a fork and stabs the caterpillar. He decides to eat it at last. The chef sees it and faints! And the waiter starts shouting loudly in a language they don't understand. Robert understands nothing. At this point another guest of the restaurant approaches them from a nearby table. He explains to Robert in poor English that they do not eat this caterpillar. It's incredibly expensive and it takes more than five years to grow to this size. The excrements of this caterpillar, which appear on the dish when it eats leaves, are considered an expensive delicacy. These excrements of the caterpillar cost two hundred and twenty dollars. Elena and Robert exchange silent glances.

"That's terribly uncivilized!" Robert says.

"Oh, it's not. They now think that you are the barbarian!" another guest says and smiles, "Because you do not understand this expensive cuisine! Moreover you killed such a rare caterpillar, like a real barbarian!"

At this point a pale waiter comes and brings a bill for the killed caterpillar. Robert looks at the sum in the bill and also turns pale.

"You know," Robert says, "We have been in a very small village in the north of your country recently. There is one excellent, very strong shaman there. Maybe he will agree to try to revive it?.. I think, it's a good alternative.."

21

Hochkunst
High Art

A

Vokabel

1. ähnlich - similar
2. äußere - outward
3. Bedeutung, die - meaning
4. beeindrucken - impress
5. Berg, der - mountain
6. Bild, das - picture
7. Bonbon, das - candy
8. definitiv - definitely
9. Eimer, der - bucket
10. entweder ... oder - either ... or
11. erfindet - invents
12. ernst - serious
13. Erscheinung, die - appearance
14. Ewigkeit, die - eternity
15. Figuren, die - figures
16. Fütterung, die - wadding
17. Gesicht, das - face
18. gewöhnlich - ordinary
19. gezeigt - shown
20. hoch - tall
21. innere - inner
22. Innere, das - inside
23. Kleindungsstücke, die - clothes
24. klingt - sounds
25. Kontrast, der - contrast
26. Kunst, die - art
27. Künstler, der - artist
28. Landschaft, die - landscape
29. Metall, das - metal
30. Millionen, die - millions
31. Mopp, der - mop
32. Müll, der - garbage
33. Museum, das - museum
34. müssen - must
35. nachdenklich - thoughtfully
36. offensichtlich - obvious

67

37. Plastik, das - plastic
38. schmutzig - dirty
39. Schönheit, die - beauty
40. Schuhe, die - shoes
41. Seele, die - soul
42. seufzt - sighs
43. Skulptur, die - sculpture
44. Spiegel, der - mirror
45. Symbol, das - symbol
46. tief - deep
47. überzeugend - convincing
48. Uniform, die - uniform
49. unverständlich - incomprehensible
50. Vergänglichkeit, die - frailness
51. vergessen - forgotten
52. Verstand, der - intellect
53. Verwirrung, die - confusion
54. wegwerfen - throw out
55. weiseste - wisest
56. Wissen, das - knowledge

B

Hochkunst

Eines Tages lädt Robert Elena in das Museum für moderne Kunst ein. Eine neue Ausstellung wird dort eröffnet. Elena hat Kunst sehr gerne. Sie ist einverstanden das Museum zu besuchen, aber sie sagt, dass sie moderne Kunst überhaupt nicht verstehe. Sie hält sie für zu seltsam. In der Ausstellung sehen sie viele interessante Dinge. Elena bleibt bei einem Bild stehen, dass aus Plastikgabeln gemacht wurde. Sie starrt das Bild aufmerksam an. Es sieht aus wie eine Berglandschaft.
„Nein, das ist nicht mein Fall", sagt Elena, „moderne Künstler sind zu unverständlich. Besonders wenn sie ihre Bilder aus so seltsamen Dingen machen. Sieh dir dieses Bild an. Ist das schön?", fragt Elena. Sie mag das Bild nicht. Robert versteht diese Kunst auch nicht. Aber er mag Elena. Und er möchte sie mit seinem Wissen wirklich beeindrucken und überraschen. Robert macht ein ernstes Gesicht.
„Weißt du", sagt Robert, „die äußere Erscheinung dieses Bildes ist nicht sehr schön. Aber du musst die innere Schönheit sehen."
„Was?", fragt Elena überrascht.
„Die innere Schönheit", wiederholt Robert. „In diesem Bild werden einige Berge gezeigt. Letzten Endes stehen Berge für Millionen von Jahren. Sie sind ein Symbol für die Ewigkeit",

High Art

One day Robert invites Elena to the Museum of modern art. A new exhibition opens there. Elena likes art very much. She agrees to go to the museum, but she says that she does not understand modern art at all. She considers it too strange. At the exhibition they see a lot of interesting things. Elena stops near a picture, made of plastic forks. She stares at the picture attentively. It looks like a mountain landscape.
"No, it's not my cup of tea," Elena says, "Modern artists are too incomprehensible. Especially when they make their pictures out of such strange things. Look at this picture here. Is it beautiful?" Elena asks. She doesn't like the picture. Robert doesn't understand this art either. But he likes Elena. And he really wants to impress and surprise her with his knowledge. Robert makes a serious face.
"You see," Robert says, "The outward appearance of this picture isn't so beautiful. But you have to see its inner beauty."
"What?" Elena asks in surprise.
"Its inner beauty," Robert repeats,

erklärt Robert, „aber eine Plastikgabel wird schnell weggeworfen. Sie symbolisiert Vergänglichkeit. In diesem Kontrast liegt eine sehr tiefe Bedeutung."

Robert erfindet das alles, während er spricht. Es scheint ihm, dass es überzeugend klingt. Elena schaut Robert verlegen an. Dann schaut sie auf das Bild und seufzt.

„Lass uns weitergehen", bietet Elena an.

Sie gehen weiter und sehen viele andere seltsame Dinge. In einem Raum sehen sie ein riesiges Bonbon aus Metall, das so hoch ist wie die Decke, und eine Skulptur, die aus alten Schuhen gemacht wurde. Ein einem anderen Raum sind Menschenfiguren aus Kleidungsstücken, mit einer roten Wattierung im Inneren. Und Robert erzählt Elena etwas Schlaues über jedes dieser Dinge.

„Manchmal sind diese Kunstwerke gewöhnlichem Müll sehr ähnlich", sagt Elena.

Sie gehen in den nächsten Raum und sehen dort einen Spiegel, vor dem ein Eimer voll mit schmutzigem Wasser steht.

„Also das ist wirklich zu viel!", sagt Elena, „das hat definitiv keine Bedeutung!"

„Oh, nein, nein", sagt Robert nachdenklich. „Das hat eine sehr tiefe Bedeutung. Es ist offensichtlich, dass dieser Künstler ein sehr intelligenter Mann ist."

„Ist er das?", fragt Elena überrascht.

„Natürlich", antwortet Robert, „weißt du, in einem Spiegel kannst du dein Gesicht sehen. Und du kannst auch in dieses schmutzige Wasser blicken und dein Gesicht sehen. Der Künstler möchte ausdrücken, dass jede Seele eine dunkle Seite hat. Und dass wir sie uns auch ansehen müssen. Das ist ein sehr wichtiger Gedanke. Ich glaube, dass ist das beste und weiseste Kunstwerk der ganzen Ausstellung", sagt Robert.

„Du bist so intelligent!", sagt Elena und nimmt ihn an der Hand. Sie bewundert Robert.

In diesem Moment betritt eine Frau in der Uniform einer Reinigungsfirma und mit einem Mopp in der Hand den Raum. Sie nähert sich

"Some mountains are shown in this picture. After all, mountains stand for millions of years. They are a symbol of eternity," Robert explains, *"But they throw out a plastic fork quickly. It is a symbol of frailness. There is a very deep meaning in this contrast."*

Robert invents all this on the go. It seems to him that it sounds convincing. Elena looks at Robert in embarrassment. Then she looks at the picture and sighs.

"Let's move on," Elena offers.

They go further and see a lot of other strange things. In one room they see a huge metal candy as tall as the ceiling and a sculpture made of old shoes. In another room there are human figures made out of clothes with red wadding inside. And Robert tells Elena something smart about each thing.

"Sometimes these works of art are very similar to ordinary garbage," Elena says.

They go to the next room and see there a mirror in front of which there is a bucket full of dirty water.

"Well, this is too much!" Elena says, *"There is definitely no meaning in it!"*

"Oh no-o-o," Robert says thoughtfully, *"There is a very deep meaning in it. It is obvious that this artist is a very smart man."*

"Is he?" Elena is surprised.

"Sure," Robert replies, *"You know, in a mirror you can see your face. And you can look in this dirty water and see your face, too. The artist wants to say that every soul has a dark side. And we must look at it, too. This is a very important thought. I think, it is the best and the wisest work of art at the whole exhibition,"* Robert says.

"You're so smart!" Elena says and takes him by the hand. She admires Robert.

At this point a woman in a cleaner's

dem Eimer und wendet sich an Elena und Robert. „Oh, es tut mir leid. Ich habe vergessen, ihn mitzunehmen", sagt die Frau zu ihnen. Sie nimmt den Eimer und trägt ihn aus dem Raum.
„Was hast du gesagt?", sagt Elena und lacht, „Das beste Kunstwerk der Ausstellung? ..."
Robert schweigt und ist verwirrt. Aber Elena ist immer noch sehr beeindruckt von seinem Verstand.

uniform with a mop in her hand enters the room. She approaches the bucket and turns to Elena and Robert.
"Oh, I'm sorry. I have forgotten to take it away," the woman says to them. She takes the bucket and carries it out of the room.
"What did you say?" Elena laughs, "The best work at the exhibition?.."
Robert is silent with confusion. But Elena is still very impressed by his intellect.

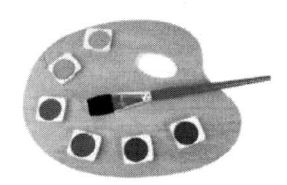

22

Frühjahrsputz
Spring-Cleaning

A

Vokabel

1. abwischen - wipe off
2. Bonuszahlungen, die - bonuses
3. Büro, das - office
4. Elektronik, die - electronics
5. entlassen - dismiss
6. Entlassung, die - dismissal
7. Fehler, der - mistake
8. feuern - fire
9. Formular, das - form
10. gefeuert - fired
11. genau - accurate
12. gerufen - sent
13. jemals - ever
14. Lastwägen, die - trucks
15. Leiter, der - director
16. Neuigkeiten, die - news
17. Papiere, die - papers
18. Probezeit, die - probation period
19. richtig - correct
20. sauber - clean
21. Sauberkeit, die - cleanliness
22. Spenden, die - charity
23. sprechen, reden - talk
24. Stapel, der - pile
25. Staub, der - dust
26. stellvertretender - deputy
27. unglücklicherweise - unfortunately
28. Unterlagen, die - documents
29. versehentlich - accidentally
30. Zeitraum, der - period

B

Frühjahrsputz

Robert studiert an der Universität und arbeitet in einer kleinen Firma. Die Firma verkauft Elektronik. Robert arbeitet noch nicht lange dort. Der Leiter lobt seine Arbeit. Robert freut sich, dass in der Arbeit alles gut läuft. Aber plötzlich lässt der stellvertretenden Leiter Robert rufen. Robert macht sich große Sorgen. Er weiß nicht, warum er gerufen wurde. Der stellvertretende Leiter gibt ihm sein Gehalt und seine Unterlagen. Robert versteht gar nichts.
„Es tut mir sehr leid, Ihnen das mitteilen zu müssen, aber Sie sind gefeuert", sagt der stellvertretende Leiter.
„Aber warum?", fragt Robert.
„Unglücklicherweise haben Sie die Probezeit nicht bestanden", sagt der stellvertretende Leiter.
„Aber der Leiter lobt meine Arbeit!", wendet Robert ein.
„Es tut mir sehr leid", wiederholt der stellvertretende Leiter.
Robert nimmt seine Unterlagen und Dinge und verlässt das Büro. Er ist sehr traurig. Auf dem Heimweg denkt er die ganze Zeit über die Entlassung nach. Es erscheint ihm sehr seltsam. Aber Robert schafft es nicht bis nach Hause. Der Leiter selbst ruft ihn plötzlich an. Er bittet Robert zurück ins Büro zu kommen und sagt ihm, dass er mit ihm sprechen möchte. Robert ist überrascht. Aber er ist einverstanden ins Büro zurückzufahren. Er hofft, dass ihn gute Neuigkeiten erwarten. Er betritt das Büro des Leiters und sieht, dass der Leiter mit der Reinigungskraft spricht.
„Bitte", sagt er zu der Reinigungskraft, „bewegen sie nie wieder die Papiere auf meinem Tisch! Wischen Sie nicht einmal den Staub von ihnen ab! Nie!"
„Aber es war schmutzig", antwortet die Reinigungskraft, „ich wollte es doch nur besser

Spring-Cleaning

Robert studies at a university and works in a small company. The company sells electronics. Robert hasn't worked there for long. The director praises his work. Robert is happy that everything is going well at work. But suddenly the deputy director sends for Robert. Robert is very worried. He doesn't know why he has been sent for. The deputy director gives him his salary and documents. Robert understands nothing.
"I am very sorry to tell you this, but you're fired," the deputy director says.
"But why?" Robert asks.
"Unfortunately, you did not pass the probation period," the deputy director says.
"But the director praises my work!" Robert objects.
"I'm very sorry," the deputy repeats.
Robert takes his documents and things and leaves the office. He is very upset. On his way home he thinks about this dismissal the whole time. It seems to him very strange. But Robert doesn't make it home. Suddenly the director himself calls him. He asks Robert to return to the office and says he wants to talk to him. Robert is surprised. But he agrees and returns to the office. He hopes that good news is waiting for him. He enters the director's office and sees that the director is talking to the cleaning woman.
"Please," he says to the cleaning woman, "Do not ever move the papers on my table! Don't even wipe dust off it! Never!"
"But it was dirty," the cleaning woman replies, "After all, I wanted to make it better."

72

machen."
Der Leiter seufzt und schüttelt den Kopf.
„Robert", sagt der Leiter, „dein Formular war auf meinem Tisch. Und unsere Reinigungskraft hat es versehentlich von einem Stapel auf den anderen gelegt. Das heißt, dein Formular wurde vom Stapel 'Bonuszahlungen' auf den Stapel 'Entlassungen' gelegt", erklärt der Leiter, „es tut mir sehr leid, dass das passiert ist. Ich hoffe, es kommt nie wieder vor."
Robert freut sich sehr, das zu hören. Er kann sein Glück nicht fassen.
„Also werden Sie mich nicht entlassen?", fragt Robert. Der Leiter lächelt Robert an.
„Nein, wir werden dich nicht entlassen. Mach dir keine Sorgen", sagt der Leiter. „Wir freuen uns, dass wir so einen genauen und sorgfältigen Arbeiter haben."
„Danke", sagt Robert, „das sind wirklich gute Neuigkeiten."
„Der Fehler mit deiner Entlassung ist sehr einfach zu berichtigen", sagt der Leiter, „aber die Unterlagen von den Lastwägen mit Elektronik wurden vom Stapel 'Verkaufen' auf den Stapel 'Spenden' gelegt. Sauberkeit ist eine teure Sache", sagt der Leiter und blickt traurig auf seinen sauberen Tisch.

The director sighs and shakes his head.
"Robert," the director says, "Your form was on my table. And our cleaning woman accidentally moved it from one pile to another. That is, your form was moved from the pile for 'Bonuses' to the pile 'To Dismiss'," the director explains, "I'm very sorry that it happened. I hope it will not happen again."
Robert is very glad to hear it. He can't believe his luck.
"So you aren't going to fire me?" Robert asks. The director smiles at Robert.
"No, we aren't going to fire you. Don't worry," the director says, "We are glad to have such an accurate and careful worker."
"Thank you," Robert says, "This is really good news."
"This mistake with your dismissal is easy to correct," the director says, "But the documents of three trucks with electronics were moved from the pile 'Sell' to the pile 'Charity'. Cleanliness is an expensive thing," the director says and looks sadly at his clean table.

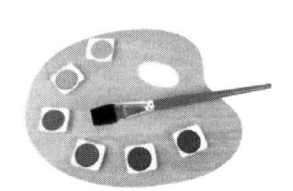

23

Beiges Taxi
Beige Taxi

A

Vokabel

1. Adresse, die - address
2. Ausdruck, der - expression
3. beige - beige
4. bestätigt - confirmed
5. bewältigen - overcome
6. drei Uhr - three o'clock
7. endlos - endless
8. fragt nach - inquires
9. freundlich - politely
10. Funk, der - radio
11. ganz - entire
12. geduldig - patiently
13. Gepäck, das - baggage
14. gesagt - told
15. irgendjemand - somebody
16. irgendwo - anywhere
17. ja - yes
18. Kennzeichen, das - number
19. lädt - loads
20. nervös - nervous
21. Opel, der - Opel
22. Reservierung, die - booking
23. ruhig - calmly
24. schwer - heavy
25. Tatsache, die - fact
26. Taxiunternehmen, das - taxi service
27. tragen - carrying
28. übereinstimmt - coincides
29. überprüft - examining
30. unerfreulich - unpleasant
31. Vermittlung, die - dispatchers
32. verpflichtend - obligatory
33. vielleicht - may
34. weigert - refuses
35. weiß - white
36. wiederholt - retells

37. wundert - wonder
38. Wut, die - anger

39. Zug, der - train

B

Beiges Taxi

Eines Tages beschließt Robert seine Freunde zu besuchen. Sie leben in einer anderen Stadt und Robert nimmt den Zug um dorthin zu fahren. Sein Zug kommt dort um drei Uhr morgens an. Robert ist zum ersten Mal dort. Er hat keine Telefonnummer von den Taxiunternehmen dieser Stadt. Also ruft er seine Freunde an und bittet sie, für ihn ein Taxi zum Bahnhof zu rufen. Seine Freunde machen, um was er sie gebeten hat. Sie sagen, dass ihn in zehn Minuten ein weißer Opel abholen wird. Robert warten und nach zehn Minuten kommt wirklich ein weißer Opel. Der Taxifahrer stellt Roberts Gepäck in das Auto und fragt ihn, wohin er fahren möchte. Robert erklärt, dass er die Adresse nicht weiß. Seine Freunde, die das Taxi gerufen haben, hätten dem Taxifahrer die Adresse geben sollen.
„Mein Funk funktioniert hier nur schlecht. Ich kann also nicht nach der Adresse fragen", sagt der Taxifahrer, „bitte frag deine Freunde nach der Adresse. Und du musst sie auch nach der Telefonnummer des Taxiunternehmens fragen, bei dem sie angerufen haben", fordert der Taxifahrer.
„Warum?", fragt Robert nach.
„Weißt du, ich arbeite nur mit Reservierungen", antwortet der Taxifahrer, „deine Freunde haben vielleicht ein anderes Taxiunternehmen angerufen. Das würde bedeuten, dass ein anderer Kunde auf mich wartet und dass ich nicht dich statt ihm mitnehmen kann."
Robert ruft seine Freunde erneut an und weckt sie mit seinem Anruf erneut auf. Sie nennen ihm geduldig die Adresse und die Telefonnummer des Taxiunternehmens. Robert wiederholt alles für den Taxifahrer.

Beige Taxi

One day Robert decides to go visit his friends. They live in another city and Robert takes a train there. His train arrives there at three o'clock a.m. Robert is there for the first time. He doesn't have a phone number for the taxi services in this city. So he calls his friends and asks them to call a taxi for him to the station. The friends do as he asks. They say that in ten minutes a white 'Opel' will come for him. Robert waits, and really a white 'Opel' comes after ten minutes. The taxi driver puts Robert's baggage in the car and asks where to go. Robert explains that he doesn't know the address. His friends, who called the taxi, should have given the address to the taxi driver.
"My radio works badly here. So I can't get the address," the taxi driver says, "Find out the address from your friends, please. And it is obligatory to ask them for the telephone number of the taxi service they called," the taxi driver demands.
"Why?" Robert inquires.
"You see, I work only on booking," the taxi driver replies, "Your friends may have called another taxi service. Then it means that another client is waiting for me and I can't take you instead of him." Robert calls his friends again and wakes them up with his call again. They patiently name the address and the phone number of the taxi service. Robert retells all this to the taxi driver.
"Oh! This is the phone number of another

„Oh! Das ist die Telefonnummer eines anderen Taxiunternehmens. Das ist nicht die Telefonnummer meines Taxiunternehmens. Dann hat mich jemand anderer gerufen", sagt der Taxifahrer und nimmt Roberts Gepäck aus dem Auto. Robert ist verwirrt.

„Ihr Taxiunternehmen hat vielleicht verschiedene Nummern", vermutet Robert, „mir wurde gesagt, dass mich ein weißer Opel in zehn Minuten abholen würde. Und Sie sind genau zehn Minuten später gekommen. Außerdem haben Sie einen weißen Opel und es gibt keine anderen Taxis hier."

„Nein", sagt der Taxifahrer, „es ist jetzt klar, dass dich ein anderes Taxi abholen wird. Tatsache ist, dass mein Opel nicht weiß ist, sondern beige. Und dass du hier auf einen weißen warten musst."

Robert sieht sich das Auto an. Es ist vielleicht beige. Aber um drei Uhr nachts, im Dunkeln, ist es nicht einfach etwas zu erkennen. Der Taxifahrer fährt an die Seite, bleibt stehen und wartet auf seinen Kunden. Und Robert steht wieder alleine in der Nähe des Bahnhofgebäudes. Ihm ist kalt und er ist wirklich müde. Zehn weitere Minuten vergehen, aber der weiße Opel kommt nicht. Seine Freunde machen sich Sorgen und rufen Robert an. Sie wundern sich, warum er noch nicht bei ihnen zu Hause ist. Er erklärt ihnen, was passiert ist.

Einige Minuten später rufen sie wieder an und sagen ihm, dass das Auto bereits am Ort wartet. Das Taxiunternehmen hat es gerade bestätigt. Robert geht über das ganze Bahnhofsgelände, aber er kann sein Taxi nicht finden. Die Zeit vergeht und es ist schon halb vier. Roberts Freunde möchten schlafen gehen. Sie werden nervös. Sie verstehen nicht, warum Robert sein Taxi nicht finden kann. Sie rufen Robert noch einmal an und sagen ihm das Kennzeichen des Autos. Robert kommt es so vor, als würde er einen endlosen und unerfreulichen Traum haben. Er geht auf dem gesamten Bahnhof umher, zieht sein schweres Gepäck nach und überprüft die

taxi service. This is not the phone number for my taxi service. Then somebody else called me," the taxi driver says and takes Robert's baggage out of the car. Robert is confused.

"Your taxi service may have several different numbers," Robert supposes, "I was told that a white 'Opel' would come for me in ten minutes. And you came exactly in ten minutes. After all, you have a white 'Opel', and there aren't any other taxis here.

"No," the taxi driver says, "It is now clear that another taxi will come for you. The fact is that my 'Opel' isn't white, but beige. And you have to wait for the white one."

Robert looks at his car. It may be beige. But at three o'clock at night, in the dark, it is not easy to see. The taxi driver drives off to the side, stops and waits for his client. And Robert stands alone again near the building of the station. He is cold and he really wants to sleep. Ten minutes more pass, but the white 'Opel' doesn't come. The friends worry and call Robert. They wonder why he is not at their house yet. He explains to them what happened. In a few minutes they call again and say that the car is already at the place. The taxi service has just confirmed it. Robert goes around all the area of the station, but doesn't find his taxi. Time passes, and it's already half past three. Robert's friends want to go to sleep. They begin to get nervous. They don't understand why Robert can't find his taxi. They call Robert again and tell him the number of the car. It seems to Robert that he is watching an endless and unpleasant dream. He goes around the entire station, carrying the heavy baggage behind him, and examining the numbers of the cars. But there isn't a car with this number

Kennzeichen der Autos. Aber es gibt dort nirgendwo ein Auto mit diesem Kennzeichen. Als er lange umhergelaufen ist, findet er plötzlich heraus, dass das Kennzeichen mit dem Autokennzeichen des Taxifahrers des beigen Opels übereinstimmt.

Robert ist sehr wütend. Er geht zurück zum Taxifahrer und erklärt ihm alles. Er gibt sein Bestes um ruhig und freundlich zu sprechen.

„Hum, Sachen gibt's", sagt der Taxifahrer und lädt Roberts Gepäck wieder in das Auto. Robert gibt sein Bestes um die Wut zu unterdrücken. Er ist schließlich eine Stunde lang mit seinem schweren Koffer am Bahnhof herumgelaufen und hat seine Freunde nicht schlafen lassen! Und das alles, weil sich diese Person weigert ihr Auto als weiß zu betrachten! Und auf all das antwortet er „Hum"!

„Und wie war das mit der Tatsache, dass ihr Auto nicht weiß sondern beige ist?", fragt Robert.

„Ja, es tut mir auch weh, dass die Vermittlung das verwechselt", antwortet der Taxifahrer mit einem ruhigen Ausdruck im Gesicht. „Nun gut, haben Sie die Adresse bestätigt?"

Natürlich kann sich Robert nicht mehr an die Adresse erinnern. Er begreift, dass er seine Freunde noch einmal anrufen muss. Und er nimmt an, dass sie sich über seine Ankunft nicht mehr freuen.

anywhere. When suddenly after walking for a long time he finds out that the number coincides with the car number of that taxi driver of beige 'Opel'.

Robert is very angry. He comes back to the taxi driver and explains to him all this. He tries his best to speak calmly and politely.

"Hum, just think of it," the taxi driver says and loads Robert's baggage into the car again. Robert does his best to overcome anger. After all, he has already walked around the station with heavy suitcase for an hour and didn't let his friends sleep! And just because this person refuses to consider his car white! And to all this he replies "Hum"!

"And how about the fact that your car isn't white, but beige?" Robert asks.

"Yes, it hurts me too, that dispatchers mix it up," the taxi driver answers with a calm expression on his face, "Well, have you confirmed the address?"

Of course Robert doesn't remember the address anymore. He understands that he must call his friends again. And it seems to him, that they aren't glad about his arrival anymore.

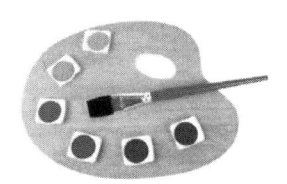

24

Weihnachtsbaum
Christmas Tree

A

Vokabel

1. alle, jeder - everyone
2. Arbeitsplatz, der - workplace
3. Ausgang, der - exit
4. binden - tie
5. Dekorationen, die - decorations
6. Einkäufe, die - purchases
7. einladen - loading
8. Feier, die - celebration
9. fest - tightly
10. festlich - festive
11. Feuerwerke, die - fireworks
12. Freizeit, die - spare time
13. Fuß, der - foot
14. Gespräch, das - conversation
15. in Ordnung - okay
16. Jungs, die - boys
17. Laden, der - store
18. Masken, die - masks
19. Mühe, die - difficulty
20. Müll, der - trash
21. passt - fit
22. sagt abschließend - concludes
23. Schere, die - scissors
24. sie selbst - themselves
25. später - afterwards
26. Spitze, die - top
27. Streich, der - prank
28. tschüß - bye
29. Zustelldienst, der - delivery service

B

Weihnachtsbaum

Robert verbringt seine Freizeit gerne damit Bücher zu lesen. David spielt gerne Computerspiele. Er spielt seiner Schwester und seinen Freunden auch gerne Streiche. Robert und David haben auch gemeinsamen Interessen. Sie mögen Familienfeiern. Weihnachten ist Roberts und Davids Lieblingsfest. Jedes Jahr gehen sie in einen Supermarkt und kaufen einen Weihnachtsbaum. Dieses Jahr gehen Robert und David auch zusammen in einen Supermarkt. David kauft im Supermarkt Weihnachtsgeschenke für seine Verwandten. Robert kauft Dekorationen für Silvester, Feuerwerke, Masken und lustige Überraschungen. Danach gehen sie einen Weihnachtsbaum aussuchen. Sie wählen einen großartigen, hohen Baum. Robert und David nehmen ihn und tragen ihn mühsam zum Ausgang. Sie zahlen für die Einkäufe und gehen zum Ausgang. Die Jungs sehen keinen Zustelldienst in der Nähe. Robert und David beginnen, den Weihnachtsbaum selbst einzuladen. Der Weihnachtsbaum passt nicht in den Kofferraum. Also beschließen sie, ihn auf das Autodach zu binden. Robert geht in den Laden und kauft ein starkes Seil. Robert und David legen den Weihnachtsbaum auf das Autodach. Sie müssen ihn nur fest anbinden. In diesem Moment klingelt Roberts Handy im Auto. Gabi, seine Schwester, ruft ihn an. Robert steigt in das Auto und hebt ab.
„Hallo", sagt er.
„Hallo, Robert!", sagt Gabi.
„Hallo, Gabi! Wie geht es dir", antwortet Robert. David beginnt, den Baum selbst anzubinden. Roberts und Gabis Gespräch dauert etwa drei Minuten.
„Robert, ich habe den Weihnachtsbaum schon festgebunden", sagt David. „Ich muss schnell für

Christmas Tree

Robert likes to spend his spare time reading books. David likes playing computer games. He also likes playing pranks on his sister and his friends. Robert and David have common interests too. They like family celebrations. Christmas is Robert's and David's favorite celebration. They go to a supermarket to buy a Christmas tree every year. This year Robert and David go to a supermarket together as well.
David buys Christmas gifts for his relatives in the supermarket. Robert buys ew Year's decorations, fireworks, masks and funny surprises. Afterwards they go to choose a Christmas tree. They choose a fine tall tree. Robert and David pick it up and carry it to the exit with difficulty. They pay for the purchases and go to the exit. The boys don't see that a delivery service is nearby. Robert and David begin loading the Christmas tree themselves. The Christmas tree does not fit in the trunk. So they decide to tie it to the top of the car. Robert goes to the store and buys a strong rope. Robert and David put the Christmas tree on the top of the car. They just need to tie it tightly. At this moment Robert's phone rings in the car. Gabi, his sister, calls him. Robert gets into the car and answers the call.
"Hello," he says.
"Hello, Robert!" Gabi says.
"Hello, Gabi! How are you?" Robert replies. David begins tying the New-Year's tree himself. Robert's and Gabi's conversation lasts about three minutes.
"Robert, I have already tied the Christmas tree," David says, "I have to

eine Minute in die Arbeit, also fahr schon mal ohne mich. Ich komme in etwa zwanzig Minuten nach", sagt David abschließend. Sein Arbeitsplatz ist nahe beim Supermarkt und er möchte dort zu Fuß hingehen.

„In Ordnung. Hast du den Weihnachtsbaum fest angebunden?", fragt Robert.

„Keine Sorge. Ich habe ihn gut festgebunden. Tschüß", antwortet David, lächelt Robert verschmitzt an und geht.

Robert fährt zu Davids Haus. Auf dem Weg lächeln die anderen Fahrer ihn an. Robert lächelt sie auch an. Jeder ist heute in einer festlichen Stimmung! Robert fährt bis zu Davids Haus. Er hält das Auto an. Robert versucht die Tür des Autos zu öffnen. Aber die Tür öffnet sich nicht. Jetzt sieht Robert, dass das Seil durch die offenen Fenster gebunden ist. Er kann nicht aussteigen, weil David auch die Türen angebunden hat. Robert ruft Davids Eltern an. Davids Schwester hebt ab.

„Ja", Nancy ist am Hörer.

„Nancy, hier spricht Robert. Könntest du kurz nach draußen kommen? Und bring bitte eine Schere mit", bittet sie Robert. Nancy geht nach draußen und sieht, dass Robert im Auto sitzt und nicht aussteigen kann. Sie beginnt zu lachen. Außerdem sieht sie eine Mülltonne bei dem Auto. Robert schneidet das Seil durch und steigt aus. Er sieht auch die Mülltonne. Robert sieht, dass das Seil an die Mülltonne angebunden ist. Robert ist die ganze Zeit mit der Mülltonne hinter ihm gefahren! David hat ihm einen Streich gespielt, während er mit Gabi gesprochen hat!

„Jetzt verstehe ich, warum die Fahrer gelächelt haben!", sagt Robert und lacht. Er ist nicht wütend auf David, aber er weiß schon, welchen Streich er ihm spielen wird.

go to work urgently for a minute, so go without me. I'll come in about twenty minutes," David concludes. His workplace is near the supermarket and he wants to go there on foot.

"Okay. Have you tied the Christmas tree tightly?" Robert asks.

"Don't worry. I've tied it well. Bye," David replies, smiles slyly to Robert and leaves.

Robert drives to David's house. On his way other drivers smile at him. Robert also smiles at them. Everyone has a festive mood today! Robert drives up to David's house. He stops the car. Robert tries to open the door of the car. But the door doesn't open. Now Robert sees that the rope goes through the open windows. He can't get out because David also tied the doors. Robert calls David's parents. David's sister answers the call.

"Yes," Nancy answers the call.

"Nancy, this is Robert. Could you go outside? And bring scissors, please," Robert asks. Nancy goes outside and sees that Robert sits in the car and can't get out. She starts laughing. Besides, she sees a trash can near the car. Robert cuts the rope and gets out of the car. He sees the trash can too. Robert sees that the rope is tied to the trash can. Robert was driving with the trash can behind all way! It is a prank that David played on him when Robert was talking to Gabi!

"Now I see why the drivers smiled!" Robert laughs. He isn't angry with David, but he already knows what prank he will play on him.

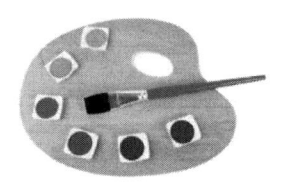

25

Großes Feuer
Big Fire

A

Vokabel

1. Actionfilm, der - action film
2. ausschalten - switch off
3. bequem - comfortably
4. brennt - burns
5. Bügeleisen, das - iron
6. Ehefrau, die - wife
7. Einfluss, der - influence
8. es sich bequem machen - settles down
9. Film, der - film
10. Film, der - movie
11. Fotos, die - photos
12. genießen - enjoy
13. Kino, das - cinema
14. Kinosaal, der - cinema hall
15. Schatz, der - darling
16. Schuld, die - fault
17. Szene, die - scene
18. Überschwemmung, die - flood
19. unruhig - uneasy
20. verbringen - spend
21. vergaß - forgot
22. vergeben - forgive
23. Wasserhahn, der - faucet
24. wertvoll - valuable
25. Zigarette, die - cigarette

B

Großes Feuer

Die Eltern von David und Nancy verbringen das Wochenende normalerweise zu Hause. Aber heute gehen Linda und Christian ins Kino. Christian schließt die Tür. Es ist niemand zu Hause. David und Nancy sind Robert und Gabi besuchen gegangen.
Linda und Christian gehen in den Kinosaal und setzen sich. Der Film beginnt. Es ist ein Actionfilm. Linda und Christian mögen Actionfilme. Plötzlich sagt Linda: „Schatz! Ich glaube, dass du zu Hause vergessen hast eine Zigarette auszumachen."
„Das glaubst du nur. Alles ist in Ordnung. Beruhige dich und genieß den Film", antwortet Christian ruhig seiner Frau.
„Ja, du hast recht, Christian", sagt Linda. Sie macht es sich in ihrem Stuhl bequem, lächelt und schaut den Film. Aber plötzlich gibt es eine Feuerszene im Film. Linda schreit: „Christian! Was ist, wenn ich vergessen habe, das Bügeleisen auszuschalten?"
„Linda, der Film tut dir nicht gut!", sagt Christian. Linda versucht sich zu beruhigen. Aber es dauert nicht lange. Sie sagt noch einmal: „Christian, warum kannst du das nicht verstehen? Feuer verbrennt alles - Unterlagen, Geld, Fotos, Wertsachen! Ich kann hier nicht länger sitzen bleiben!" Linda steht auf und geht zum Ausgang. Christian rennt ihr nach. Sie nehmen ein Taxi und fahren nach Hause. Christian ist sehr traurig. Er wollte den Abend damit verbringen, einen interessanten Film mit seiner Frau zu sehen.
„Linda, es tut mir leid, aber manchmal ruinierst du alles! Ich habe mich sehr darauf gefreut einen Film mit dir anzusehen, dann mit dir in der Stadt nachts spazieren zu gehen und in ein Café zu gehen!", sagt Christian. Linda fühlt sich schuldig.

Big Fire

David and Nancy's parents usually spend their weekends at home. But today Linda and Christian are going to the cinema. Christian locks the door. There is nobody at home. David and Nancy went to visit Robert and Gabi.
Linda and Christian come into the cinema hall and take their sits. The movie begins. It's an action movie. Linda and Christian like action movies. Suddenly Linda says: "Darling! It seems to me that you forgot to put out a cigarette at home."
"It just seems to you. Everything is okay. Calm down and enjoy the film," Christian replies quietly to his wife.
"Yes, you're right, Christian," Linda says. She settles down comfortably in the chair, smiles and watches the film. But suddenly a fire scene appears in the film. Linda cries out: "Christian! What if I forgot to switch off the iron?"
"Linda, the film has a bad influence on you!" Christian says. Linda tries to calm down. But it does not last long. She says again: "Christian, why can't you understand? Fire burns everything - documents, money, photos, valuable things! I can't sit here anymore!" Linda gets up and goes to the exit. Christian runs after her. They take a taxi and go home. Christian is very upset. He wanted to spend this evening with his wife watching an interesting film.
"Linda, I am sorry, but sometimes you spoil everything! I wanted to watch a film with you so much and then walk in the city at night, go to a café!" Christian says. Linda feels guilty.
"Forgive me, Christian! I just feel very

„Vergib mir, Christian! Ich bin nur so unruhig", sagt Linda zu ihrem Ehemann. Christian freut sich, dass seine Ehefrau ihren Fehler zugibt. Sie kommen bei ihrem Haus an und steigen aus dem Auto.
„Christian!", schreit Linda. Sie schauen auf ihr Haus. Und was sehen sie? Vor dem Haus stehen ein Feuerwehrwagen und einige Polizisten. Christian und Linda rennen in das Haus. Dort ist kein Feuer, aber eine Überschwemmung! Linda hatte vergessen einen Wasserhahn abzudrehen, als sie mit ihrem Ehemann ins Kino ging.

uneasy," Linda says to her husband. Christian is pleased that his wife admits her fault. They arrive at their house and get out of the car.
"Christian!" Linda cries. They look at their house. And what they see? In front of the house there is a fire truck and several policemen. Christian and Linda run into the house. There isn't a fire, but a flood! Linda forgot to turn off a faucet, when she went out with her husband to the cinema.

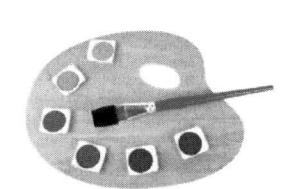

26

Vorsicht, Wütender Hund!
Beware of Angry Dog!

A

Vokabel

1. Bekannte, der - acquaintance
2. bellen - bark
3. bellend - barking
4. dehnen - stretch
5. diszipliniert - disciplined
6. Faden, der - thread
7. gekracht - crashed
8. gesehen - saw
9. geworfen - threw
10. Gummi, der - rubber
11. Hundehütte, die - doghouse
12. Kette, die - chain
13. losgestürzt - rushed
14. medizinisch - medical
15. Meter, die - meters
16. Schauder, der - chill
17. seltsam - strangely
18. stark - strongly
19. Temperament, das - temper
20. Tor, das - gate
21. Tourniquet, das - tourniquet
22. trotzdem - nevertheless
23. ungewöhnlich - unusually
24. verwendet - using
25. vorübergehend - temporary
26. wählt - dials
27. wissend - knowing
28. zerriss - tore

B

Vorsicht, Wütender Hund

Eines Tages geht Robert seinen Bekannten besuchen. Er hat einen großen Hund zu Hause. Der Hund ist normalerweise neben seiner Hundehütte angekettet. Der Hinweis auf dem Tor 'Vorsicht, wütender Hund' ist wirklich wahr. Robert kennt das Temperament des Hundes, deshalb bleibt er weit entfernt vom Tor stehen und wählt die Telefonnummer seines Bekannten. Er möchte, dass sein Bekannter herauskommt und den Hund festhält. Dann kann Robert schnell in das Haus gehen.

Der Hund hört Robert trotzdem und kommt aus der Hundehütte um zu bellen. Obwohl Robert durch einen Zaun vom Hund getrennt ist, fühlt er ein Schaudern - der riesige Hund hängt nur an einer dünnen Leine, beinahe einem Faden ...

Aber der Hund verhält sich dieses Mal seltsam. Er rennt zu Robert, aber schaut die ganze Zeit zurück auf die Leine. Er rennt, bis sich die Leine ein wenig dehnt, und bleibt dann stehen. Und erst dann beginnt er Robert laut anzubellen. Sein Bekannter kommt aus dem Haus und hält den Hund zurück. Robert und sein Bekannter gehen in das Haus.

„Warum ist er so ungewöhnlich diszipliniert?", fragt Robert. „Früher hat er die Kette beinahe zerrissen - so heftig ist er losgestürzt um zu attackieren."

„Nicht nur die Kette", antwortet Roberts Bekannter, „mit was habe ich ihn nicht festgebunden? Ich habe alles versucht. Als er die letzte starke Kette zerrissen hat, hatte ich nichts mehr, um ihn festzubinden. Ich hatte nur noch ein medizinisches Tourniquet aus Gummi. Ich dachte mir, gut, ich werde ihn vorübergehend damit festbinden, bis ich in einen Laden gehe, um eine neue Kette zu kaufen. Ich habe ihn festgebunden und dann kam ein Nachbar vorbei. Also ist der Hund wie immer bellend losgestürzt.

Beware of Angry Dog!

One day, Robert goes to visit his acquaintance. He has a big dog at home. The dog is usually tied to a chain near its doghouse. The notice on the gate 'Beware of angry dog' is completely true. Knowing the dog's temper, Robert stops far away from the gate and dials the acquaintance's phone number. He wants his acquaintance to go out and hold his dog. Then Robert can quickly go in the house.

The dog nevertheless hears Robert and runs from the doghouse to bark. Even though Robert is separated from the dog by a fence, he feels a chill inside - the huge dog is tied only to a thin rope, almost a thread...

But the dog behaves strangely this time. It runs to Robert but looks back at the rope all the time. It runs to a place, where the rope stretches a little, and stops. And only then it starts barking loudly at Robert. His acquaintance comes out and holds the dog back. Robert and his acquaintance go into the house.

"Why is it so unusually disciplined?" Robert asks, "Before, it almost tore the chain - it rushed to attack so strongly."

"Not only the chain," Robert's acquaintance replies, "What haven't I tied it with? I tried everything. When it tore the last strong chain, there wasn't anything any more with which to tie it. I only had a medical rubber tourniquet. Well, I thought, I'll tie it temporary till I go to a store for a new chain. I tied it and just then a neighbor came by. So, the dog as always rushed barking. But this time the rubber tourniquet stretched and then

85

Aber dieses Mal hat sich das Tourniquet aus Gummi gedehnt und hat dann den Hund etwa drei Meter zurückgeworfen! Er ist in die Hundehütte gekracht. Das gleiche ist noch ein paar Mal passiert ist. Am nächsten Tag habe ich gesehen, dass der Hund vorsichtiger wurde. Er hat die ganze Zeit darauf aufgepasst, dass sich das Tourniquet nicht dehnt. Ich hatte keine Zeit eine neue Kette zu kaufen. Und meine Mutter hat das Tourniquet vor kurzem gebraucht. Ich habe es abgenommen und ihr gegeben. Ich habe diese dünne Leine schon sein einigen Tagen verwendet. Aber der Hund ist vorsichtiger geworden!"

threw the dog back by about three meters! It crashed into the doghouse. Then the same happened a few more times. The next day I saw that the dog became careful. It watched all the time that the tourniquet didn't stretch. I didn't have time to go for a new chain. And my mom recently needed the tourniquet. I took it off and gave it to her. I have been using this thin rope for several days already. But the dog became careful!"

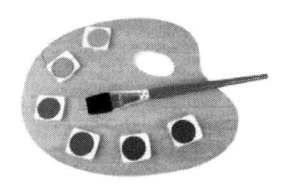

27

Der Fehler von Mars
Mars's Mistake

A

Vokabel

1. ausgegangen - ended
2. Bildschirm, der - screen
3. Datei, die - file
4. drücken - pushing
5. elektrisch - electric
6. erfolgreich - successfully
7. erscheinen - appear
8. Friede, der - peace
9. gefangen - caught
10. Glück haben - be lucky
11. hat Erfolg - succeeds
12. Haushalt, der - household
13. Hurrikan, der - hurricane
14. Kabel, das - cord
15. Lehnstuhl, der - armchair
16. Mars - Mars
17. mittelalterlich - medieval
18. Möglichkeit, die - option
19. Pfote, die - paw
20. Scharfrichter, der - executioner's
21. selten - seldom
22. Steckdose, die - socket
23. Stecker, der - plug
24. Teppich, der - carpet
25. unter - under
26. vergeben - forgiven
27. vernünftig - sensible

B

Der Fehler von Mars

Eines Abends sitzt David auf dem Sofa und ließt eine Zeitschrift. Seine Mutter sitzt in der Nähe am Computer und erledigt ein bisschen Arbeit. Es ist ruhig und still ... Und dann kommt der Kater Mars in das Zimmer gestürzt. Er ist ein wirklicher Hurrikan im Haushalt! In nur fünf Sekunden rennt er drei Mal durch das Zimmer, kletter auf einen Teppich, springt von dort direkt zu David, rennt dann unter das Sofa, kommt wieder hervor, schüttelt sich und macht hundert andere nicht sehr vernünftige Dinge. Dann sitzt der Kater in der Mitte des Zimmers und überlegt - was sollte er sonst noch machen? Mit jemandem aus der Familie zu spielen ist gerade nicht möglich. In diesem Moment bemerkt der Kater das Stromkabel des Computers. Der Kater springt auf einen Lehnstuhl und beginnt mit dem Stromkabel zu spielen. Bevor David irgendetwas unternehmen kann, gelingt es dem Kater die Aufgabe zu beenden, die er angefangen hat. Der Stromstecker kommt ein Stück aus der Steckdose. Und ... der Computer schaltet sich aus! Davids Mutter schaut auf den schwarzen Bildschirm und merkt nicht, was gerade passiert. Plötzlich erinnert sie sich daran, dass sie die Datei vor zwei Stunden auf dem Computer gespeichert hat. Dann dreht sich Linda langsam in Richtung des Katers und man kann das Lächeln eines mittelalterlichen Scharfrichters in ihrem Gesicht erkennen. Der Kater beginnt zu fühlen, dass das Ende seines glücklichen Lebens naht. Aber er hat so wenig miaut, hat so wenige Mäuse gefangen, hat so selten mit der Nachbarkatze Fedora gespielt. Und dann dreht sich Mars zu dem Stecker, der nicht ganz aus der Steckdose gerutscht ist, und beginnt ihn mit seiner Pfote wieder in die Steckdose zu drücken. Er hofft wahrscheinlich, dass ihm vergeben wird, wenn er alles reparieren kann. Und er hat Erfolg!

Mars's Mistake

One evening, David is sitting on a couch and reading a magazine. His mom is sitting nearby at the computer and doing some work. Peace and quiet... And here the cat Mars rushes into the room. It is a real household hurricane! In just five seconds it runs around the room three times, climbs on a carpet, jumps off there directly on David, then gets under the couch, gets out of there, shakes himself off and does a hundred other not very sensible things. Then the cat sits down in a middle of the room and thinks - what else should it do? Playing with someone from the family is not an option right now. At this point the cat notices a computer electric cord. The cat jumps on an armchair and starts playing with the electric cord. Before David has time to do anything, the cat manages to finish the task it has started. The electric plug goes a little out of the socket. And... the computer turns off! David's mother looks at the black screen and does not realize what's going on. Suddenly she remembers that she saved a file on the computer two hours ago. Then Linda slowly turns to the cat and a medieval executioner's smile starts to appear on her face. The cat begins feeling that the end of its happy life is coming. But it has meowed so little, it has caught so few mice, it has played so seldom with the neighbor cat Fedora. And then Mars turns to the plug that isn't completely out of the socket, and with its paw starts pushing it back into the socket. It probably hopes that if it can fix everything, it will be forgiven. And it succeeds! The plug goes into its place and

Der Stecker steckt in der Steckdose und der Computer schaltet sich ein! Mars verlässt schnell das Zimmer und legt sich neben ein Fenster in der Küche. Er schaut auf die Straße und denkt wahrscheinlich, dass er sehr viel Glück hatte, dass alles so erfolgreich ausgegangen ist.

the computer turns on! Mars quickly leaves the room and lies down by a window in the kitchen. It looks at the street and probably thinks it must be lucky that everything ended so successfully.

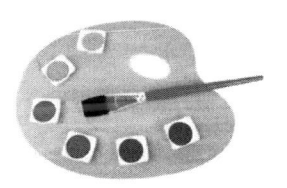

28

Sich Vordrängeln
Cutting in Line

A

Vokabel

1. Bargeld, das - cash
2. bescheiden - modest
3. Brot, das - bread
4. diese - those
5. empört - outraged
6. Erklärung, die - explanation
7. früherer - former
8. gegen - against
9. gesagt - said
10. Geschäftsführer, der - manager
11. gibt Halt, hält fest - supports
12. Herr, der - mister
13. Käse, der - cheese
14. Kasse, die - cash register
15. Kerl, der; Junge, der - chap
16. Kilogramm, das - kilogram
17. Laden an der Ecke - convenience store
18. Laib, der - loaf
19. Organisation, die - organization
20. Proben, die - samples
21. Rache, die - revenge
22. Risiko, das - risk
23. Saft, der - juice
24. Schulfreund, der - schoolmate
25. seit - since
26. sich entschuldigen - apologize
27. sich vordrängen - cutting the line
28. spricht an - addresses
29. stieg - stepped
30. stolz - proudly

31. Tomate, die - tomato
32. überwachend - supervising
33. Umstände, die - circumstances
34. Unverschämtheit, die - impudence
35. Verkäuferin, die - saleswoman
36. verkauft - sold
37. Wurst, die - sausage
38. wütend - angrily

B

Sich Vordrängeln

Eines Tages geht David in den Laden an der Ecke um Wurst und Käse zu kaufen. Es sind viele Leute im Laden. David stellt sich in der Schlange an und sieht sich um. Davids früherer Schulfreund, Michael, betritt den Laden und geht direkt zur Kasse, ohne die Schlange zu beachten. Michael war ein bescheidener Junge in der Schule. Wenn jemand auf seinen Fuß stieg, war er es, der sich entschuldigte. Er hatte sich seitdem nicht verändert und wenn er beschloss, sich vorzudrängen, dann mussten die Umstände sehr ernst sein. Er hatte sich mehrmals bei den Leuten in der Schlange entschuldigt und spricht nun die Verkäuferin mit ihrem Namen an: „Julia, gib mir ein Kilogramm Wurst, einen Laib Brot und eine Packung Tomatensaft, bitte."

Überrascht von dieser Unverschämtheit, zeigen sich die Leute in der Schlange empört über Michael. Michael antwortet 'Es tut mir leid' oder 'Entschuldigung' auf jeden Satz, der gegen ihn gerichtet ist. Als er sich noch einmal entschuldigt und von der Schlange weggeht, reden die Leute mit der Verkäuferin und fordern eine Erklärung.

„Hallo, Michael!", sagt David zu ihm und lächelt, „wie geht es dir, alter Junge?"

„David!", sagt Michael, „hallo, mein Lieber! Lange nicht gesehen!"

Aber die Leute in der Schlange beruhigen sich nicht. Eine kleine alte Frau verlangt den Geschäftsführer.

„Herr Geschäftsführer", sagt die Verkäuferin zu Davids früherem Schulfreund, „man

Cutting in Line

One day, David goes into a convenience store to buy some sausage and cheese. There are a lot of people in the store. David takes a place in the Line and looks around. David's former schoolmate, Michael, enters the store and goes right to the cash register, without paying any attention to the Line. Michael was a modest boy at school. If somebody stepped on his foot, he was the one who apologized. He has not changed since then, and if he decided to jump the Line, then the circumstances are very serious for sure. Having apologized to the Line several times, Michael addresses the saleswoman by name: "Julia, give me a kilogram of sausage, a loaf of bread and a pack of tomato juice, please."

Surprised for a moment by such impudence, the Line gets outraged with Michael. Michael says 'I'm sorry' or 'I apologize' to every phrase said against him. When he apologizes once more and walks away from the Line, people talk to the saleswoman demanding an explanation.

"Hello, Michael!" David says to him with a smile, "How are you, old chap?"

"David!" Michael says, "Hello, my dear! Long time no see!"

But people in the Line do not calm down. A little old woman demands the manager.

"Mister manager," the saleswoman says to David's former schoolmate, "They are demanding you!"

"Although you're the manager, you still

91

verlangt nach Ihnen!"
„Auch wenn Sie der Geschäftsführer sind, haben Sie trotzdem kein Recht, die Regeln zu brechen!", schreit die alte Frau wütend. Sie schlägt Michaels Bein mit ihrer Tasche und verlässt stolz den Laden. David hält Michael fest, damit er nicht umfällt. Sie sehen die anderen Leute in der Schlange mit Vorsicht an. Aber die sind mit der Rache der alten Frau zufrieden und drehen sich von ihnen weg.
„Eine Kontrollfirma fordert dringend Proben von Nahrungsmitteln, die in unserem Laden verkauft werden", erklärt Michael David. „Ich dachte mir nicht, dass ich ein Risiko eingehen würde, indem ich die Verkäuferin bitte, mir diese Proben zu geben."

don't have the right to break the rules!" the old woman cries angrily. She hits Michael's leg with her bag and proudly leaves the store. David supports Michael so that he does not fall. They look at the other people in the Line with caution. But those are satisfied with the old woman's revenge and turn away from them.

"A supervising organization urgently demands samples of some of the food sold in our store," Michael explains to David, "I didn't think I would take a risk when I asked the saleswoman to give me these samples."

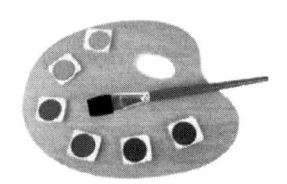

29

Sitzplatz Nummer Dreizehn
Seat Number Thirteen

A

Vokabel

1. Account, der - account
2. Arbeitsbuch, das - textbook
3. aufladen - charge
4. aufleuchten - light
5. ausloggen - log out
6. beitretend - joining
7. Bekannte, der - acquaintance
8. besorgt - worried
9. Bus, der - bus
10. dreizehn - thirteen
11. erfreut - gladly
12. fährt ab - departs
13. gestern - yesterday
14. Heer, das - army
15. heiraten - marry
16. kann nicht - cannot
17. küsst - kisses
18. Laptop, der - laptop
19. läuten - ringing
20. lernen - study
21. löscht - deletes
22. Nachricht, die - message
23. posten - post
24. Profil, das - profile
25. ruft gerade an - calling
26. Sätze, die - sentences
27. Sitzplatz, der - seat
28. Spanisch - Spanish
29. Straßenbahn, die - tram
30. Tablet, das - tablet
31. Text, der - text
32. Tunnel, der - tunnel
33. Twitter - Twitter
34. übersetzen - translate
35. Übung, die - exercise
36. unerwartet - unexpectedly
37. Verbindung, die - connection
38. vergehen - pass
39. vergeuden - waste
40. weinen - cry

B

Sitzplatz Nummer Dreizehn

Robert fährt seine Freundin Elena besuchen. Er sagt ihr nicht Bescheid, weil er unerwartet kommen will. Er möchte sie fragen, ob sie ihn heiraten will.
Robert kauft eine Fahrkarte für den Bus. Die Fahrt dorthin dauert zwei Stunden. Robert möchte seine Zeit nicht vergeuden. Er nimmt ein Arbeitsbuch mit. Er möchte Spanisch lernen.
Robert steigt in den Bus. Er hat Sitzplatz Nummer dreizehn. Ein Mann setzt sich neben ihn. Der Bus fährt vom Busbahnhof ab. Robert nimmt sein Arbeitsbuch heraus. Er beginnt mit der ersten Übung. Robert muss einen Text übersetzen. Er übersetzt nur zwei Sätze, dann beginnt sein Handy zu läuten. David ruft gerade an.
„Hallo, Robert. Ist es wahr?", fragt David.
„Ja, es ist wahr", antwortet Robert, „also ... wie hast du davon erfahren?"
„Ich habe es auf Twitter gelesen. Es ist großartig! Es ist schade, dass wir uns länger nicht sehen. Ich wünsche dir viel Glück!", sagt David und beendet das Gespräch.
Robert versteht nichts. Warum werden sie sich länger nicht sehen? Er hat auch nicht auf Twitter gepostet, dass er zu Elena fährt, um sie zu bitten, ihn zu heiraten. Robert nimmt sein Textbuch wieder heraus. Er versucht Spanisch zu lernen. Es vergehen ungefähr fünfzehn Minuten. Das Handy läutet noch einmal. Lenas Telefonnummer erscheint auf dem Bildschirm.
„Hallo, Robert", sagt Lena.
„Hallo, Lena", antwortet Robert.
„Warum hast du mir nichts davon erzählt?", sagt Elena und beginnt zu weinen, „ich werde auf dich warten ..."
Der Bus fährt in einen Tunnel und die Verbindung wird unterbrochen. Robert ist

Seat Number Thirteen

Robert is going to visit his friend Elena. He doesn't let her know because he wants to come unexpectedly. He wants to ask her to marry him.
Robert buys a bus ticket. It takes two hours to get there. Robert doesn't want to waste this time. He takes a textbook with him. He wants to study Spanish.
Robert gets on the bus. He has seat number thirteen. A man sits down next to him. The bus departs from the station. Robert takes out his textbook. He begins doing the first exercise. Robert has to translate a text. He translates only two sentences, when his phone starts ringing. This is David calling.
"Hi Robert. Is it true?" David asks.
"Yes, it is true," Robert answers, "Well... how did you find out about it?"
"I read it on Twitter. It's great! It's pity we won't see each other soon. I wish you good luck!" David says and finishes the conversation.
Robert doesn't understand. Why won't we see each other soon? He also did not post on Twitter that he was going to ask Elena to marry him. Robert takes out the textbook again. He tries to study Spanish. About fifteen minutes pass. The phone rings again. Lena's phone number is on the screen.
"Hi Robert," Lena says.
"Hi Lena," Robert answers.
"Why didn't you tell me?" Elena begins to cry, "I will wait for you..."
The bus goes into a tunnel and the connection breaks. Robert is confused. He looks at the textbook, but cannot study. He thinks about the strange calls. Then he sees the number thirteen on his seat. Robert feels uneasy. He takes out the phone to call

verwirrt. Er schaut in sein Arbeitsbuch, aber er kann nicht lernen. Er denkt an die seltsamen Anrufe. Dann sieht er die Zahl dreizehn auf seinem Sitzplatz. Robert wird unruhig. Er nimmt sein Handy heraus, um Elena anzurufen. Der Bildschirm des Handys leuchtet nicht auf. Robert hat vergessen es aufzuladen.

Der Bus kommt eine Stunde später in Elenas Stadt an. Robert verlässt den Busbahnhof und nimmt die Straßenbahn zu Elenas Haus. Er kommt unerwartet zu ihrem Haus und Lena ist sehr besorgt.

„Hallo, Lena", sagt er und umarmt sie.

„Hallo, Robert", antwortet Elena. Sie freut sich, dass Robert gekommen ist. Sie küsst ihn.

„Warum hast du mir gesagt, dass du auf mich warten würdest?", fragt Robert. „Auf mich warten um von wo zurückzukommen?"

„Ich habe auf Twitter gelesen, dass du dem Heer beitreten willst", sagt sie.

Robert erinnert sich, dass er gestern Abend auf dem Tablet seines Bekannten etwas auf Twitter gepostet hat, und dass er vergessen hat, sich aus seinem Account auszuloggen. Robert merkt, dass sein Bekannter ihm einen Streich gespielt hat. Er bittet Lena, ihren Laptop einzuschalten. Er loggt sich in seinen Account ein und löscht die Nachricht 'Ich werde dem Heer beitreten'. Robert und Elena lachen. Robert ruft David an und erzählt ihm die ganze Geschichte. Er erzählt ihm auch, dass Lena zugestimmt hat, ihn zu heiraten.

„Ich freue mich sehr, dass du heiraten wirst statt dem Heer beizutreten!", sagt David erfreut.

Elena. The telephone screen does not light up. Robert forgot to charge it.

The bus arrives in Elena's city an hour later. Robert goes out to the station and takes a tram to Elena's house. He comes to her house unexpectedly and Lena is very worried.

"Hi Lena," he says and hugs her.

"Hi Robert," Elena answers. She is glad that Robert came. She kisses him.

"Why did you tell me you would wait for me?" Robert asks, "Wait for me to return from where?"

"I read on Twitter that you are going to join the army," she says.

Robert recalls that yesterday evening he wrote something on Twitter on his acquaintance's tablet and forgot to log out of his profile. Robert understands that his acquaintance played a prank. He asks Lena to switch on her laptop. He goes into his account and deletes the message "I am going to join the army." Robert and Elena laugh. Robert calls David and tells him all this story. He also says that Lena agreed to marry him.

"I am really glad that you are going to get married instead of joining the army!" David says gladly.

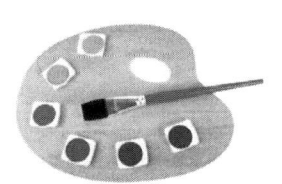

30

Hausaufgabe
Homework

A

Vokabel

1. Blatt, das - sheet
2. dumm - silly
3. einzigen - single
4. fürchterlich - awfully
5. gemacht - done
6. glücklich - glad
7. Klasse, die - grade
8. Nachmittag - afternoon
9. schimpft - scolds
10. sich freuen - be glad
11. tüchtig - capable
12. unkorrigiert - unchecked
13. Unterricht, der - class

B

Hausaufgabe

Homework

Nancy geht in der Schule in die dritte Klasse. Linda und Christian geben sehr viel Acht auf ihre Studien. Sie korrigieren immer ihre

Nancy goes to the third grade at school. Linda and Christian pay a lot of attention to her studies. They always check her

Hausaufgaben. Aber es fällt ihnen schwer, Spanisch zu korrigieren. Also korrigiert David immer Spanisch. Nancy ist ein tüchtiges Mädchen. Aber es fällt ihr schwer, gut Spanisch zu lernen. Also hilft ihr David viel zu lernen.	homework. But it is difficult form them to check Spanish. So David always checks Spanish. Nancy is a capable girl. But she does not study Spanish well. So David helps her study a lot.
Nach einiger Zeit beginnt Nancy alle Übungen ohne Fehler zu machen. Christian und Linda freuen sich, dass sie so gut Spanisch lernt.	After some time Nancy begins doing all the exercises without mistakes. Christian and Linda are very glad that she studies Spanish well.
Eines Abends korrigiert David wie immer die Spanischhausübung seiner Schwester. Er sieht, dass alles richtig gemacht ist. Es gibt keinen einzigen Fehler. David freut sich sehr. Er zeigt die Hausübung seiner Schwester Christian und Linda. Alle sind sehr glücklich und loben Nancy.	Once in the evening David as always checks his sister's homework in Spanish. He sees that everything is done correctly. There isn't a single mistake. David is very glad. He shows his sister's home work to Christian and Linda. All are very happy and praise Nancy.
Aber am nächsten Morgen sieht Linda ein Blatt Papier mit der Hausübung, die David gestern korrigiert hat, auf dem Tisch ihrer Tochter. Linda merkt, dass ihre Tochter das Blatt Papier auf dem Tisch vergessen hat. Sie macht sich Sorgen um ihre Tochter, weil sie heute ohne ihre Hausübung in den Unterricht gegangen ist. Nancy kommt am Nachmittag nach Hause und Linda fragt sie:	But next morning Linda sees a sheet of paper with homework that David checked yesterday on her daughter's desk. Linda realizes that her daughter has forgotten this sheet of paper on the desk. She is worried about her daughter, because she has gone to the lesson without her homework today. Nancy comes back home in the afternoon and Linda asks her:
„Hast du heute deine Hausübung für Spanisch vergessen?", fragt sie, „Und hast du jetzt eine schlechte Note dafür bekommen?"	"Have you forgotten your homework in Spanish for today?" she says, "Now you've got a poor grade for it?"
„Nein, Mama", antwortet ihr ihre Tochter, „Die Aufgabe war in Ordnung. Ich habe eine gute Note bekommen. Warum glaubst du das?", sagt Nancy überrascht.	"No, mom" the daughter replies to her, "It's all right with the assignment. I've got a good grade for it. Why do you think so?" Nancy says in surprise.
„Du hast eine gute Note bekommen?", Linda ist auch überrascht, „Aber wie ist das möglich? Sie liegt hier auf dem Tisch. Das ist die Hausübung für heute, die David korrigiert hat."	"You've got a good grade for it?" Linda is surprised too, "But how is it possible? It is here on the desk. This is your today's homework, that David checked."
„Das ist die Hausübung von gestern", erklärt ihr ihre Tochter, „wir haben sie gestern im Unterricht korrigiert."	"It is yesterday's homework," the daughter explains to her, "We checked it in class yesterday."
Linda versteht nicht, was los ist...	Linda can't understand what's going on...
„Und warum hast du David gebeten, eine alte Hausübung zu korrigieren, die schon im Unterricht korrigiert wurde?", fragt Linda, „Warum hast du ihn nicht gebeten, die Aufgabe	"And why did you ask David to check an old homework that had already been checked in class?" Linda asks, "Why didn't you ask him to check the assignment that

97

zu korrigieren, die du für heute bekommen hast?"

„Warum kannst du das nicht verstehen", sagt ihre Tochter zu ihr, „es wäre dumm, ihm unkorrigierte Arbeiten zu zeigen. David schreit mich an und schimpft fürchterlich mit mir wegen jedes Fehlers! Deshalb gebe ich ihm die Aufgaben von gestern, die wir schon in der Schule korrigiert haben."

was given to you for today?"

"Why can't you understand," the daughter says to her, "It would be silly to show him unchecked work. David shouts and scolds me awfully for every mistake! So I give him yesterday's assignment that we have already checked at school."

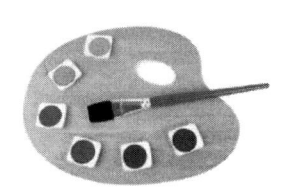

German-English Dictionary

Aa
Abend, der - evening
Abendessen, das - dinner
Abenteuer, die - adventures
aber - but
abfahrend - departing
abprüfen - quiz
Abteil, das - compartment
abwischen - wipe off
Account, der - account
acht - eight
achtjährige - eight-year-old
Actionfilm, der - action film
Adresse, die - address
ähnlich - similar
aktiv - active
alle - all
alle, jeder - everyone
alleine - alone
alles - everything
als - than
alt - old
alte - ancient
älterer - elderly
Alternative, die - alternative
älteste - oldest
am lautesten - loudest
anbieten - offer
anderen - other
ändern - change
anders - different
Anfang, der - beginning
Angelegenheit, die - matter
Angestellte, der - employee
Angst haben - be afraid
Angst, die - fear
Ankunft, die - arrival
Anns - ann's
anrufen - phone
Anstrengung, die - strain
antworten - answer
Apfel, der - apple

Aquarium, das - aquarium
Arbeit, die - work
arbeiten - working
arbeitet - works
Arbeitsbereich, der - field
Arbeitsbuch, das - textbook
Arbeitsplatz, der - workplace
Architekt, der - architect
Arme, die - arms
Art, die - way
Arzt, der - doctor
Arztpraxis, die - surgery
asiatisch - Asian
Ast, der - branch
Äste, die - branches
atmend - breathing
attackiert - attacks
auch - also, too
auf jeden Fall - certainly
auf, bei, zu - at
Aufgabe, die - assignment, task
aufgeregt - excitedly
aufhellen - improve
aufhören - stop
aufladen - charge
aufleuchten - light
aufmerksam - attentively
aufpassen - watch
Aufsatz, der - composition
Aufschrift, die - inscription
aufstehen - get up
Aufzug, der - elevator
Augen, die - eyes
Ausdruck, der - expression, term
auseinander - apart
Ausgabe, die - issue
Ausgang, der - exit
ausgeben - spending
ausgegangen - ended
ausloggen - log out
ausschalten - switch off
außerdem - besides

äußere - outward
Ausstellung, die - exhibition
austauschen - exchange
Auto, das - car
Autor, der - author
Bb
backen - bake
backend - baking
Backrohr, das - oven
Badeanzug, der - swimsuit
bald - soon
Ball, der - ball
Bank, die - bench
Barbar, der - barbarian
Bargeld, das - cash
Bau, der - building
Bauarbeiter, die - builders
Bauarbeiters, des - builder's
Baufirma, die - building firm, construction company
Baum, der - tree
beachten - pay attention
bedeutet - means
Bedeutung, die - meaning
beeindrucken - impress
beeindruckt - impressed
befestigt - attached
begann - began
beginnt - begins
begleitet - accompanies
begrüßt - greets
behält - keeps
behandelt - treats
beheben - eliminate
bei, an - by
beige - beige
beinahe - almost
Beine, die - legs
beißen - bite
beitretend - joining
bekannt - acquainted
Bekannte, der - acquaintance
bekommen - got, gotten
bekommt Angst - gets scared

bekreuzigt - crosses
bellen - bark
bellend - barking
bellt - barks
bellte - barked
bemerkt - notices
benutzt - uses
beobachtet - watches, watching
bequem - comfortably
bereit - ready
Berg, der - mountain
berühmt - famous
berühmteste - most famous
beschäftigt - busy
Bescheid sagen - warn
bescheiden - modest
beschloßen - decided
Besitzer, der - owner; Besitzer, die - owners
besonders - especially
besorgt - worried
bespritzt - splashes, splattered
besser - better
bestätigt - confirmed
besten - best
besuchen - attend
besucht - pays a visit, visit; besucht gerade - visiting
beten - pray
Betrag, der - sum
betreten - enters
Bett, das - bed
bevor - before
bewältigen - overcome
bewegen - move
beweisen - prove
bewerben - apply
bewundert - admires
bezauberndes - charming
Bibel, die - Bible
Bibliothek, die - library
biegt - bends, bows
Bild, das - picture
Bildschirm, der - screen

bin - am
binden - tie
bindet - ties
bis - till
bitte - please
bittet - asking
Blatt, das - sheet
blättern - flip
bleiben - stay, remain
bleibt - stays
bleich - pale
Blick, der - gaze
Blicke, die - glances
blöde - stupid
blühen - blossom
Blumen, die - flowers
Blumenbeet, das - flowerbed
Boden, der - floor
Bonbon, das - candy
Bonuszahlungen, die - bonuses
böse - bad
braten - fry
brauche - need
Bräuche, die - customs
braucht - needs
brennt - burns
Brief, der - letter
Briefkuvert, das - envelope
bringt - brings
Brot, das - bread
Bruder, der - brother
Bücher, die - books
Bügeleisen, das - iron
Bund, der - bunch
Büro, das - office
Bus, der - bus
Busbahnhof, der - station
Bussteig, der - platform
Cc
Café, das - café
chatten - chat
Chef, der - chief
College, das - college
Computer, der - computer

Creme, die - cream
Dd
dachte - thought
danken - thank
dann - then
das ist, so - that's
dass - that
Datei, die - file
Decke, die - ceiling
Deckel, der - lid
Defekt, der - defect
definitiv - definitely
dehnen - stretch
dein - your
Dekorationen, die - decorations
Delikatesse, die - delicacy
denkt - thinks
der, die, das - the
des Hundes - dog's
Detail, das - detail
deutlich - distinctly
dicker - fatter
Dienstag, der - Tuesday
diese - these; this; those
Ding, das - thing
direkt - directly
direkt, gerade - straight
diskutieren - discuss
diszipliniert - disciplined
Dollar, der - dollars
Dorf, das - village
dort - there
draußen - outside
dreht - turns
drei - three; drei Uhr - three o'clock
dreizehn - thirteen
dringend - urgently
dritte - third
Druck, der - print
drücken - pushing
drückt - presses
du bist, Sie sind - you're
du, Sie - you
dumm - silly

dunkel - dark
durch - through
durchschlafen - get a good night's sleep
Ee
Ecke, die - corner
Ehefrau, die - wife
Ehemann, der - husband
ehrlich - honestly
eigener - own
Eile, die - hurry
Eimer, der - bucket
ein - a; an; one
ein Kompliment gemacht - paid a compliment
ein wenig - slightly
Eindrücke, die - impressions
einem anderen - another
einen Spalt offen stehen - ajar
einfach - simple; easily, simply
einfacher - easier
einfetten - grease
Einfluss, der - influence
einige - several; few, some
Einkäufe, die - purchases
einladen - loading
einpacken - wrap
einschlafen - fall
einstellen - hire
einzigen - single
elektrisch - electric
Elektronik, die - electronics
Eltern, die - parents
E-Mail, die - e-mail
emotional - emotionally
empfehlen - advise
empfiehlt - recommends
empört - outraged
Ende, das - end
endlos - endless
englisch - English
enthusiastisch - enthusiastically
entlassen - dismiss
Entlassung, die - dismissal
entscheidet - decides

Entschuldigen Sie - Excuse me
entsprechend - according
entweder ... oder - either ... or
entzückt - charmed
er - he
Erfahrung, die - experience
erfindet - invents
erfolgreich - successfully
erfreut - gladly
erhält - receive
erinnern - remember
erinnerst - remind
erinnert - recalls
erkenne wieder - recognize
erklärt - explains
Erklärung, die - explanation
ernst - serious; seriously
erreichen - reach
errötet - blushing
erscheinen - appear
Erscheinung, die - appearance
Erstaunen, das - amazement; astonishment
ersten - first
erstklassig - top-notch
erwartet - expect
erwischen - spot
erzählt - tells
es - it
es ist - it's; es ist schade - it's a pity
es scheint - seems
es sich bequem machen - settles down
Essays, die - essays
essen - eat
Essen, das - meal
essend - eating
etwas - something
Ewigkeit, die - eternity
Exkremente, die - excrements
exotisch - exotic
Explosion, die - explosion
Ff
Fachmann, der - professional
Faden, der - thread
Fahrer, der - driver

fährt - drives, driving; fährt ab - departs
Fall, der - case
falsch - incorrect
Familie, die - family
fängt - catches
Fans, die - fans
farbige - colorful
faul - lazy
fehlen - missing
Fehler, der - mistake
Feier, die - celebration
Fenster, das - window
fest - tight, tightly
festlich - festive
festnehmen - detain
fett - fat
feuern - fire
Feuerwerke, die - fireworks
Figuren, die - figures
Film, der - film, movie
finden - find
Finger, der - finger
Firma, die - company, firm
Fisch, der - fish
fischen - fishing
fliegen - fly
fliegt - flies
Flug, der - flight
Flugzeug, das - plane
Fluss, der - river
folgendem - following
folgt - follows
Folie, die - foil
fordernde - demanding
fordert - demands
Formular, das - form
Forum, das - forum
Fotos, die - photos
fragen - ask
Fragen, die - questions
fragt - asks; fragt nach - inquires
Frau, die - woman
Freitag, der - Friday
Freizeit, die - spare time

Freund, der - friend
Freunde, die - friends
freundlich - politely
Friede, der - peace
fröhlich - happily, merrily; cheerful, cheerfully
fröhlicher - happy
Früchte, die - fruits
früh - early
früher - earlier
früherer - former
Frühling, der - spring
fühlen - feel
fühlt - feels
führt - leads
fünf - five
fünfte - fifth
fünfzehn - fifteen
Funk, der - radio
für - for
fürchterlich - awfully, terribly
Fuß, der - foot
Futter, das - food
füttern - feed
Fütterung, die - wadding
Gg
Gabel, die - fork
ganz - entire, whole, completely
Garten, der - garden
Gast, der - guest
Gebäude, die - buildings
gebe zu - admit
gebissen - bit
gebracht - brought
Geburtstag, der - birthday
Gedanken, die - thoughts
gedankenlos - thoughtlessly
Gedichte, die - poems
geduldig - patiently
geeignet - suitable
gefährlich - dangerous
gefangen - caught
gefasst - holding
gefeuert - fired

Gefühle, die - feelings
gefunden - found
gegeben - given
gegen - against
Gegenstände, die - objects
Gehalt, das - salary
gehen - go
gehend, spazierend - walking
gehorsam - obedient
gehört - belongs
geht - goes; geht weiter - continued
gekauft - bought
gekracht - crashed
gelb - yellow
Geld, das - money
gelernt - learned
gemacht - done
gemeinsam - common
Gemüse, das - vegetables
genau - accurate; closely, exactly
genau, sorgfältig - carefully
geneigt - tilted
genießen - enjoy
genug - enough
Gepäck, das - baggage, luggage
Gepard, der - cheetah
Gerechtigkeit, die - justice
gerettet - saved
Gericht, das - court; dish
gern geschehen - you're welcome
gerne etwas tun - like; gerne haben - likes
Geruch, der - smell
gerufen - sent
gesagt - said, told
geschäftlich - on business
Geschäftsführer, der - manager
Geschenk, das - present
Geschenke, die - gifts
Geschichte, die - history; story
Geschichten, die - stories
geschnittenes - cut
geschrieben - written
Geschwindigkeit, die - speed
gesehen - saw

Gesetze, die - laws
Gesicht, das - face
gespielt - playing
Gespräch, das - conversation
gesprochen - spoke
Geständnis, das - confession
gestern - yesterday
gestohlen - stolen
gesund - healthy
gesunder Menschenverstand - common sense
getrennt - separated
getroffen - met
gewagten - daring
gewesen - been
gewissenhaft - careful
gewöhnlich - ordinary
geworfen - threw
gezeigt - shown
gibt - gives
gibt Halt, hält fest - supports
ging - went
glaubt - believes
gleich hier - right here
gleichen - same
gleichgültig - indifferent
Glück haben - be lucky
Glück, das - luck
glücklich - glad
Goldfisch, der - goldfish
Gott, der - god
grauenvoll - awful
Griechenland, das - Greece
groß - big
großartige - magnificent
großartiges - excellent
Größe, die - size
großer - great
größte - biggest
Gummi, der - rubber
gut - good, well
Hh
Haar, das - hair
haben - have

Hähnchen, das - chicken
halbe - half
hallo - hello, hi
Halsband, das - collar
hält - holds
hält sich - considers
halten - hold
Hamster, der - hamster
Hände, die - hands
Handtuch, das - towel
Handy, das - telephone
hängen - hang
hängt - hanging
hat - has
hat Erfolg - succeeds
hatte - had
Haupt- - main
Hauptstadt, die - capital
Haus, das - house
Hausarbeit, die - chores
Hausaufgabe, die - homework
Haushalt, der - household
Haustier, das - pet
Haustiere, die - pets
Hebräisch, das - Hebrew
Heer, das - army
Heilige, der - Saint
Heimatstadt, die - hometown
heimlich - secretly
heiraten - marry
heißt - named, called
helfen - help
heranwächst - grow
heraus - out
Herbst, der - autumn
Herr, der - mister
herum - around
hervorragend, großartig - fine
hervorstehend - sticking out
heute - today
hier - here
hilft - helps
hinter - behind
Hinweis, der - hint

hoch - tall
höchste - highest
Hof, der - yard
hoffe - hope
Holz, das - wood
hören - hear
hört - hears; hört zu - listening, listens
Hotel, das - hotel
Hund, der - dog
Hundehütte, die - doghouse
hundert - hundred
Hurrikan, der - hurricane
Ii
ich - I
ich bin - I'm
ich selbst - myself
ich werde - I'll
ich würde - I'd
ihn, ihm - him
ihr, ihre - their
immer - always; immer noch - still
Impfungen, die - vaccinations
in - in, into
in den Augen behalten - glancing
in der Nachbarschaft - neighboring
in der Nähe - nearby
in letzter Zeit - lately
in Ordnung - OK, okay
in, nach, zu - to
innere - inner
Innere, das - inside
installiert - install
Institut, das - department
intelligent - smart
Intelligenz, die - intelligence
interessant - interesting
interessanteste - most interesting
Interesse, das - interest
interessiert - interested
Internet, das - Internet
inzwischen - meanwhile
irgendein, etwas - any
irgendetwas - anything
irgendjemand - anybody, somebody

irgendwo - anywhere, somewhere
ist - is
ist einverstanden - agrees
ist nicht - isn't
Jj
ja - yes
Jahr, das - year
Jahre, die - years
jede - each
jeden - every
jedoch - however, though
jemals - ever
jemandem - someone
Jerusalem - Jerusalem
jetzt - now
Job, der - job
joggen - jogging
Journalismus, der - journalism
Juli, der - July
jung - young
Junge, der - guy
jünger - younger
Jungs, die - boys
Kk
Kabel, das - cord
Kaffee, der - coffee
Käfig, der - cage
kalt - cold, coldly
kann nicht - cannot, can't
Käse, der - cheese
Kasse, die - cash register
Kater, der - cat
Kathedrale, die - cathedral
kaufen - buy
kauft - buys
kein, nicht - no
keine Sorge - don't worry
Kellner, der - waiter
Kennzeichen, das - number
Kerl, der; Junge, der - chap
Kette, die - chain
Kiefer, der - jaw
Kilogramm, das - kilogram
Kind, das - child

Kinder, die - children
Kindergarten, der - kindergarten
Kindermädchen, das - nanny
Kino, das - cinema
Kinosaal, der - cinema hall
klar - clear
Klasse, die - grade
Klassenzimmer, das - classroom
kleben - gluing
Kleber, der; Klebstoff, der - glue
klein - little
Kleindungsstücke, die - clothes
kleines - small
Kleingedruckte, das - fine print
klettert - climbs
klingelt - rings
klingt - sounds
klopft - hits
Knurren, das - growl
knurrt - growls
Koch, der - chef
kocht - cooks, cooking
Koffer, der - suitcase, Koffer, die - suitcases
Kofferraum, der - trunk
Kollegen, die - colleagues
kommen - come, kommen an - arrive; kommen näher - approach
kommt - comes, coming
kommt auf ihn zu - approaches
kommt aus - gets off
kommt zurück - returns
kompetent - competent
komplett - absolutely
Kompliment, das - compliment
kompliziert - complicated
König, der - king
können - can
könnte - could
Kontrast, der - contrast
Konzept, das - concept
Kopf, der - head
kopieren - copying
kopiert - copied

Körbe, die - baskets
kostet - cost
köstlich - delicious
krank - ill, sick
Kreuzung, die - intersection
kriechen - crawling
kritisieren - scolding
Krokodil, das - crocodile
Küche, die - cuisine , kitchen
Kühlschrank, der - fridge
kulinarisch - culinary
kümmerst - care
Kunde, der - client
Kunst, die - art
Künstler, der - artist
kurz - short
küsst - kisses
Ll
lächelt - smiles
lachen - laugh
lachend - laughing
lacht - laughs
Laden an der Ecke - convenience store
Laden, der - shop, store
lädt - loads
lädt ein - invites
Laib, der - loaf
Land, das - country
Landschaft, die - landscape
lange - long
Länge, die - length
langsam - slowly
Laptop, der - laptop
Lärm, der - noise
lassen - leave
lässt - let
lässt fallen - drops
Lastwägen, die - trucks
Laufen, das - running
Laufrad, das - wheel
launisch - capricious
laut - loudly
läuten - ringing
Leben, das - life

lebendig - alive
lebt - lives
lecker - tasty
Leder, das - leather
legt auf - hangs up
legt sich hin - lies
Lehnstuhl, der - armchair
Lehrer, der - teacher
Leidenschaft, die - passion
Leine, die - leash
leise - quiet, quietly
Leiter, der - director
lernen - study
leuchtend - bright
Leute, die - people
lieben - love
Lieber - dear
liebsten - favorite
liebt - loves
liegend - lying
liegt - lies
liest - reads
Literatur, die - literature
loben - praise
lokalen - local
löscht - deletes
lösen - resolve
losgestürzt - rushed
Lösung, die - solution
lustig - funny
Mm
machen - do
macht - doing
macht sich auf - preparing
machte nicht - didn't
Madame, die - Madam
Mädchen, das - girl
malen - painting
manchmal - sometimes
Mann, der - man
Markt, der - market
Mars - Mars
Masken, die - masks
Maus, die - mouse

Mäuse, die - mice
medizinisch - medical
Meer, das - sea
mehr - more
meine - my
meinst - mean
Meinung, die - opinion
Meisterwerk, das - masterpiece
menschlichen - human
merkt - realizes
Metall, das - metal
Meter, die - meters
miaut - meows
Millionen, die - millions
Minuten, die - minutes
mir, mich - me
mit - with
mit dem Hund Gassi gehen - walk the dog
mit großen Augen - wide-eyed
Mitglieder, die - members
Mittag, der - noon
Mittagessen, das - lunch
Mitte, die - middle
mittelalterlich - medieval
Mittwoch, der - Wednesday
modern - modern
mogeln - cheat
möglich - possible
Möglichkeit, die - option
Moment, der - moment
Monat, der - month
Mopp, der - mop
morgen - tomorrow
Morgen, der - morning
Motor, der - engine
müde - tired
Mühe, die - difficulty
Müll, der - garbage, trash
Mund, der - mouth
Museum, das - museum
Musik, die - music
müssen - must
mutig - brave
Mutter, die - mom, mother

Nn
nach - after
nach unten - down
Nachbar, der - neighbor
nachdenklich - thoughtfully
Nachmittag - afternoon
Nachricht, die - message
nächsten - nearest
Nacht, die - night
nahe - near
nahm - took
Name, der - name
national - national
natürlich - of course
neben - next to
nehmen - take
nennen - term
nennt - calls
nervös - nervous
nette - kind
neu - new
neugierig - curious
Neuigkeiten, die - news
nicht - not
nicht mehr - anymore
nichts - nothing
nickt - nods
nie - never
niedrig - low
niedriger, nach unten - lower
niemand - nobody
nimmt - grabs, takes
nimmt an - supposes
Niveau, das - level
noch einmal - again
Norden, der - north
normalerweise - usually
Noten, die - marks
Notiz, die - note
Notizbücher, die - notebooks
nur - only
nur, gerade - just
Oo
obwohl - although

oder - or
offensichtlich - obvious
öffentlichen - public
öffnen - open
oft - often
oh - ooh
ohne - without
Omelett, das - omelette
Onkel, der - uncle
Opel, der - Opel
Organisation, die - organization
Ort, der - place

Pp
Paarung, die - mating
packen - pack
Packung, die - package, packet
Papiere, die - papers
Paragrafen, die - articles
Park, der - park
passiert - happened; going on
passt - fit
Pause, die - rest
perfekt - perfectly
Person, die - person
Pfote, die - paw
Picknick, das - picnic
Pilz, der - mushroom
Plastik, das - plastic
plötzlich - suddenly
Poesie, die - poetry
Polizist, der - policeman
Porzellan, das - porcelain
posten - post
Postkarten, die - postcards
Proben, die - samples
Probezeit, die - probation period
probieren - taste
Problem, das - problem
Professor, der - professor
Profil, das - profile
Prüfung, die - exam
Puppe, die - doll
Puppenbett, das - doll's
putzt sich - cleaning

Rr
Rache, die - revenge
Ratten, die - rats
Rauch, der - smoke
Raupe, die - caterpillar
reagieren - react
Rechnung, die - bill
Rechtswissenschaft, die - jurisprudence
reißt - rips
reist - traveling
rennt - run, runs
reparieren - fix
Reservierung, die - booking
Restaurant, das - restaurant
Retter, der - rescuer
Rezept, das - recipe
Richter, der - judge
richtig - correct, correctly
Richtung, die - direction
riesig - huge
Risiko, das - risk
Roberts - robert's
romantisch - romantic
rot - red
rufen - call
ruft an - phones
ruft gerade an - calling
ruhig - calmly, calm
ruinieren - spoil

Ss
Saft, der - juice
sagt - says, telling
sagt abschließend - concludes, finishes
sammeln - gather, pick
sammelt - collects
sanft - gently
Satz, der - phrase
Sätze, die - sentences
sauber - clean
Sauberkeit, die - cleanliness
Schamane, der - shaman
Scharfrichter, der - executioner's
Schatz, der - darling
Schauder, der - chill

schaut an - looks
scheint - shining
schenken - give
schenkt - giving
Schere, die - scissors
schimpft - scolds
schlafen - sleep
schlafend - sleeping
schläfrig - sleepy
schläft - asleep, sleep, sleeps
schlägt vor - suggests
schlecht - badly, poorly
schlecht, arm - poor
schließlich - at last, finally
schließt - close
schmeicheln - flatter
schmutzig - dirty
schneit - snowing
schnell - quickly
schnurrend - purring
schon - already
schön - beautiful
schon - yet
Schönheit, die - beauty
Schränke, die - cabinets
schrecklich - terrible
schreibt - writes
schreien - shouting
schreiend - crying
schreit - cries, shouts
schrieb - wrote
Schriftsteller, der - writer
schroff - harshly
Schublade, die - drawer
schüchtern - shy, shyly
Schuhe, die - shoes
Schuld, die - fault
schuldig - guilty
Schule, die - school
Schulfreund, der - schoolmate
Schurke, der - scoundrel
schüttelt - shakes
schwarz - black
Schweif, der - tail

schwer - heavy
Schwester, die; Schwesterherz, das - sis, sister
schwierig - difficult
Schwimmbad, das - swimming pool
schwimmen - swimming
sechs - six
Seele, die - soul
sehen - see
sehen, schauen - look
Sehenswürdigkeiten, die - sights
sehr - very
Seil, das - rope
sein - be; his
sein, ihr - its
seines Katers - cat's
seit - since
Seite, die - side
Sekretär/in, der/die - secretary
selten - rare, rarely; seldom
seltsam - strangely, strange
senden - send
setzen, legen, stellen - put
setzt sich - sits
seufzt - sighs
sich - herself, himself, itself
sich entschuldigen - apologize
sich freuen - be glad
sich sehr bemühen - try hard
sich vordrängen - cutting the line
sicher - sure
sie - she, they
sie selbst - themselves
sie, ihnen - them
sie, ihr - her
siebzig - seventy
siegt - triumphs
sieht - looking, sees
sind - are; sind nicht - aren't
singen - sing
singend - singing
Situation, die - situation
Sitzplatz, der - seat
sitzt - sitting

Skulptur, die - sculpture
Snack, der - snack
so - so
Sofa, das - couch
sofort - immediately, at once
sogar - even
Sohn, der - son
solch - such
sollen - shall
sollte - should
Sommer, der - summer
Sonne, die - sun
sonnenbaden - sunbathing
Sonntag, der - Sunday
Sorge, die - worry
Spanisch - Spanish
Sparta - Sparta
Spaß machen - joke
spät - late
später - later, afterwards
Spaziergang, der - walk
Speisekarte, die - menu
Spenden, die - charity
sperren - lock
Spezialität, die - specialty
Spiegel, der - mirror
Spiel, der - game
spielen - play
spielt - plays
Spielzeuge, die - toys
spießt - stabs
Spital, das - hospital
Spitze, die - top
Spitzname, der - nickname
Sprache, die - language
sprechen - speak
sprechen, reden - talk
sprechend - talking
spricht - speaks, taking, talks
spricht an - addresses
spricht weiter - continues
springt - jumps
Stadt, die - city , town
Stapel, der - pile

stark - strong , strongly
starrt - stares
statt - instead
Staub, der - dust
Steckdose, die - socket
Stecker, der - plug
steht - stands
steichelt - petting
Stelle, die - point
stellt vor - introduces
stellvertretender - deputy
stieg - stepped
Stiegen, die - stairs
Stil, der - style
still - silent
Stimme, die - voice
Stimmung, die - mood, spirit
Stirnrunzeln, das - frown
stolz - proud, proudly
Straße, die - road, street
Straßenbahn, die - tram
Streich, der - prank
Streit, der - dispute
streng - strict, strictly
strenger - more strictly
streunender - homeless
Student/Studentin, der/die - student
Studentenwohnheim, das - dorms
Studien, die - studies
studiert - studying
Stuhl, der - chair
Stunden, die - hours
Supermarkt, der - supermarket
Suppe, die - soup
Süßigkeiten, die - sweets
Symbol, das - symbol
Szene, die - scene
Tt
Tablet, das - tablet
Tag, der - day
Tage, die - days
Tagesanbruch, der - daybreak
Talent, das - talent
Tante, die - aunt

tapfere - brave
Tasche, die - bag
tat - did
Tatsache, die - fact
Taxi, das - taxi
Taxiunternehmen, das - taxi service
Tee, der - tea
Teller, der - plate
Temperament, das - temper
Teppich, der - carpet
Test, der - test
teuer - expensive
Text, der - text
Thema, das - theme
Ticket, das - ticket
tief - deep
Tier, das - animal
Tisch, der - desk, table
Tochter, die - daughter
toll - amazing
Tomate, die - tomato
Ton, der - tone
Tor, das - gate
Torte, die - cake
töten - kill
Tourniquet, das - tourniquet
Traditionen, die - traditions
tragen - carry, carrying
trägt - carries
trainiert - trained
Traum, der - dream
träumt - dreaming
traurig - sad, sadly, upset
treffen - meet, meeting
trinken - drink
trinkend - drinking
Trinkschale, die - cup
trinkt - drinks
trotzdem - nevertheless, anyway
tschüß - bye
Tube, die - tube
tüchtig - capable
tue nicht - don't
Tulpen, die - tulips

Tunnel, der - tunnel
Tür, die - door
Türen, die - doors
Türglocke, die - doorbell
tut - does
tut ihr leid - feels sorry
tut nicht - doesn't
Twitter - Twitter
Uu
U-Bahn, die - subway
über - over, about
übereinstimmt - coincides
überholt - overtakes
überprüfen - check
überprüft - examining
überraschen - surprise
überrascht - surprised
Überschwemmung, die - flood
übersetzen - translate
Übersetzung, die - translation
überwachend - supervising
überzeugend - convincing
überzeugt - convinces
Übung, die - exercise
umarmt - hugs
Umgebung, die - environment
Umstände, die - circumstances
und - and
unerfreulich - unpleasant
unerwartet - unexpectedly
ungewöhnlich - unusually
ungewöhnliche - unusual
unglaublich - incredibly
unglücklicherweise - unfortunately
Uniform, die - uniform
Universität, die - university
unkorrigiert - unchecked
unruhig - uneasy, restless
uns - us
unsere - our
unter - under
unterbricht - interrupts
Unterlagen, die - documents
Unterricht, der - class, lesson, classes

unterrichtet - teaches
Unterrichtsfach, das - subject
unterste - lowermost
Unverschämtheit, die - impudence
unverständlich - incomprehensible
unzivilisiert - uncivilized
unzufrieden - discontentedly
Urlaub, der - vacation
Vv
Vater, der - dad, daddy, father
verängstigter - frightened
Verbindung, die - connection
verbringen - spend
verbringt - spends
verdienen - earn
verdient - deserved
verfasst - composes
Vergänglichkeit, die - frailness
vergaß - forgot
vergeben - forgive, forgiven
vergehen - pass
vergessen - forgotten
vergeuden - waste
vergisst - forgets
Vergnügen, das - pleasure
vergnügt - joyfully
verhält - behaves
verheiratet - married
verjagt - chases
verkaufen - sell
Verkäufer, der - salesman
Verkäuferin, die - saleswoman
verkauft - sold
Verkehrsmittel, die - transportation
verlassen - left
verlaufen - lost
Verlegenheit, die - embarrassment
verliebte sich - fell in love
verlieren - lose
verlockend - appetizing
Verlust, der - loss
vermisst - misses
Vermittlung, die - dispatchers
vernünftig - sensible

verpflichtend - obligatory
verschiedene - various
verschließt - seals
verschmitzt - slyly, sly
versehentlich - accidentally
verstand - understood
Verstand, der - intellect, mind, sense
verständlich, leicht - easy
versteht - understand, understands
Versuch, der - guess
versuchen - try
versucht - tries, trying
Verwandte, der - relative
verwechselt - mixed up
verwendet - using
verwirrt - confused
Verwirrung, die - confusion
Verzweiflung, die - despair
viel - much
viel, viele - a lot
vielleicht - perhaps, may, maybe
vier - four
vierte - fourth
vierzig - forty
Vögel, die - birds
voll - full
von - from
vor - in front of
vor einem Jahr - a year ago
vor kurzem - recently
vorbei - past
vorbeikommt - passes
vorbeischauen - drop by
vorgeschriebenen - required
Vorlesungen, die - lectures
Vorsicht, die - caution
vorübergehend - temporary
Ww
wächst - grows
wacht auf - wakes up
Wächter, der - guard
wählt - dials, chooses
wahr - true
während - during, while

Wahrheit, die - truth
wahrscheinlich - probably
Wald, der - forest
wann - when
war - was; war nicht - wasn't
wärst - were
warten - wait
wartet - waiting
warum - why
was - what
wäscht - washes
Wasser, das - water
Wasserhahn, der - faucet
weg - away; gone
wegwerfen - throw out
weh tun - hurt
weigert - refuses
Weihnachten, das - Christmas
weil - because
weinen - cry
weiseste - wisest
weiß - white; know, nows
weit - far; widely
weiter - further
welche - which
wenn - if
wer - who
werden - will
wertvoll - valuable
Wetter, das - weather
wichtige - important
wie - how; as
wiederbeleben - revive
wiederholt - repeats, retells
wild - furiously
will - wants
wir - we
wird - getting
wird gehört - heard
wird gerade repariert - being repaired
wird ohnmächtig - faints
wird sichtbar - appears
wirklich - real, really
Wissen, das - knowledge

wissend - knowing
wo - where
Woche, die - week
Wochenende, das - weekend
Wohnung, die - apartment
Wohnzimmer, das - living
wollen - want
Wort, das - word
wunderbar - wonderful
wundert - wonder
wurde - became
würde - would
wurde ohnmächtig - fainted
Wurst, die - sausage
wusste - knew
Wut, die - anger
wütend - angry, furious, angrily
Zz
Zahn, der - tooth
Zahnarzt, der - dentist
Zahnklinik, die - dental surgery
Zahnschmerzen, die - toothache
Zaun, der - fence
Zehenspitzen, die - tiptoe
zehn - ten
zehnten - tenth
zeigt - points, shows
Zeit, die - time
Zeitraum, der - period
Zeitschriften, die - magazines
Zeitung, die - newspaper
Zentimeter, die - centimeters
Zentrum, das - centre
zerriss - tore
zerstören - break
Zeus - Zeus
zieht - pulls
ziemlich - pretty, quite
Zigarette, die - cigarette
Zimmer, das - room
zögerlich - hesitantly
zu - towards
zubereite - prepare
zudem - moreover

zufällig - random
zufrieden - contentedly
zufriedene - satisfied
Zug, der - train
Zuhause, das - home
zurechtkommen - manages
zurück - back

zusammen - together
Zustelldienst, der - courier, delivery service
zwanzig - twenty
zwei - two
zweifeln - doubt
zweite - second

English-German Dictionary

Aa
a - ein
a lot - viel, viele
a year ago - vor einem Jahr
about - über
absolutely - komplett
accidentally - versehentlich
accompanies - begleitet
according - entsprechend
account - Account, der
accurate - genau
acquaintance - Bekannte, der; acquainted - bekannt
action film - Actionfilm, der
active - aktiv
address - Adresse, die
addresses - spricht an
admires - bewundert
admit - gebe zu
adventures - Abenteuer, die
advise - empfehlen
after - nach
afternoon - Nachmittag
afterwards - später
again - noch einmal
against - gegen
agrees - ist einverstanden
ajar - einen Spalt offen stehen
alive - lebendig
all - alle
almost - beinahe
alone - alleine
already - schon
also - auch
alternative - Alternative, die
although - obwohl
always - immer
am - bin
amazement - Erstaunen, das
amazing - toll
an - ein
ancient - alte

and - und
anger - Wut, die
angrily - wütend
angry - wütend
animal - Tier, das
ann's - Anns
another - einem anderen
answer - antworten
answers - antwortet
any - irgendein, etwas
anybody - irgendjemand
anymore - nicht mehr
anything - irgendetwas
anyway - trotzdem
anywhere - irgendwo
apart - auseinander
apartment - Wohnung, die
apologize - sich entschuldigen
appear - erscheinen
appearance - Erscheinung, die
appears - wird sichtbar
appetizing - verlockend
apple - Apfel, der
apply - bewerben
approach - kommen näher; approaches - kommt auf ihn zu
aquarium - Aquarium, das
architect - Architekt, der
are - sind; aren't - sind nicht
armchair - Lehnstuhl, der
arms - Arme, die
army - Heer, das
around - herum
arrival - Ankunft, die
arrive - kommen an
art - Kunst, die
articles - Paragrafen, die
artist - Künstler, der
as - wie
Asian - asiatisch
ask - fragen; asking - bittet; asks - fragt
asleep - schläft

assignment - Aufgabe, die
astonishment - Erstaunen, das
at - auf, bei, zu
at last - schließlich
at once - sofort
attached - befestigt
attacks - attackiert
attend - besuchen
attentively - aufmerksam
aunt - Tante, die
author - Autor, der
autumn - Herbst, der
away - weg
awful - grauenvoll
awfully - fürchterlich
Bb
back - zurück
bad - böse
badly - schlecht
bag - Tasche, die
baggage - Gepäck, das
bake - backen
baking - backend
ball - Ball, der
barbarian - Barbar, der
bark - bellen
barked - bellte
barking - bellend
barks - bellt
baskets - Körbe, die
be - sein
be afraid - Angst haben
be glad - sich freuen
be glad - sich freuen
be lucky - Glück haben
beautiful - schön
beauty - Schönheit, die
became - wurde
because - weil
bed - Bett, das
been - gewesen
before - bevor
began - begann
beginning - Anfang, der

begins - beginnt
behaves - verhält
behind - hinter
beige - beige
being repaired - wird gerade repariert
believes - glaubt
belongs - gehört
bench - Bank, die
bends - biegt
besides - außerdem
best - besten
better - besser
Bible - Bibel, die
big - groß
biggest - größte
bill - Rechnung, die
birds - Vögel, die
birthday - Geburtstag, der
bit - gebissen
bite - beißen
black - schwarz
blossom - blühen
blushing - errötet
bonuses - Bonuszahlungen, die
booking - Reservierung, die
books - Bücher, die
bought - gekauft
bows - biegt
boys - Jungs, die
branch - Ast, der
branches - Äste, die
brave - mutig, tapfere
bread - Brot, das
break - zerstören
breathing - atmend
bright - leuchtend
brings - bringt
brother - Bruder, der
brought - gebracht
bucket - Eimer, der
builder's - des Bauarbeiters
builders - Bauarbeiter, die
building - Bau, der; building firm - Baufirma, die

buildings - Gebäude, die
bunch - Bund, der
burns - brennt
bus - Bus, der
busy - beschäftigt
but - aber
buy - kaufen
buys - kauft
by - bei, an
bye - tschüß
Cc
cabinets - Schränke, die
café - Café, das
cage - Käfig, der
cake - Torte, die
call - rufen
called - heißt
calling - ruft gerade an
calls - nennt
calm - ruhig
calmly - ruhig
can - können
can't - kann nicht
candy - Bonbon, das
cannot - kann nicht
capable - tüchtig
capital - Hauptstadt, die
capricious - launisch
car - Auto, das
care - kümmerst
careful - gewissenhaft
carefully - genau, sorgfältig
carpet - Teppich, der
carries - trägt
carry - tragen
carrying - tragen
case - Fall, der
cash - Bargeld, das; cash register - Kasse, die
cat - Kater, der
cat's - seines Katers
catches - fängt
caterpillar - Raupe, die
cathedral - Kathedrale, die

caught - gefangen
caution - Vorsicht, die
ceiling - Decke, die
celebration - Feier, die
centimeters - Zentimeter, die
centre - Zentrum, das
certainly - auf jeden Fall
chain - Kette, die
chair - Stuhl, der
change - ändern
chap - Kerl, der; Junge, der
charge - aufladen
charity - Spenden, die
charmed - entzückt
charming - bezauberndes
chases - verjagt
chat - chatten
cheat - mogeln
check - überprüfen
cheerful - fröhlich
cheerfully - fröhlich
cheese - Käse, der
cheetah - Gepard, der
chef - Koch, der
chicken - Hähnchen, das
chief - Chef, der
child - Kind, das
children - Kinder, die
chill - Schauder, der
chooses - wählt
chores - Hausarbeit, die
Christmas - Weihnachten, das
cigarette - Zigarette, die
cinema - Kino, das; cinema hall - Kinosaal, der
circumstances - Umstände, die
city - Stadt, die
class - Unterricht, der
classes - Unterricht, der
classroom - Klassenzimmer, das
clean - sauber
cleaning - putzt sich
cleanliness - Sauberkeit, die
clear - klar

client - Kunde, der
climbs - klettert
close - schließt
closely - genau
clothes - Kleidungsstücke, die
coffee - Kaffee, der
coincides - übereinstimmt
cold - kalt
coldly - kalt
collar - Halsband, das
colleagues - Kollegen, die
collects - sammelt
college - College, das
colorful - farbige
come - kommen
comes - kommt
comfortably - bequem
coming - kommt
common - gemeinsam
common sense - gesunder Menschenverstand
company - Firma, die
compartment - Abteil, das
competent - kompetent
completely - ganz
complicated - kompliziert
compliment - Kompliment, das
composes - verfasst
composition - Aufsatz, der
computer - Computer, der
concept - Konzept, das
concludes - sagt abschließend
confession - Geständnis, das
confirmed - bestätigt
confused - verwirrt
confusion - Verwirrung, die
connection - Verbindung, die
considers - hält sich
construction company - Baufirma, die
contentedly - zufrieden
continued - geht weiter
continues - spricht weiter
contrast - Kontrast, der
convenience store - Laden an der Ecke

conversation - Gespräch, das
convinces - überzeugt
convincing - überzeugend
cooking - kocht
cooks - kocht
copied - kopiert
copying - kopieren
cord - Kabel, das
corner - Ecke, die
correct - richtig
correctly - richtig
cost - kostet
couch - Sofa, das
could - könnte
country - Land, das
courier - Zustelldienst, der
court - Gericht, das
crashed - gekracht
crawling - kriechen
cream - Creme, die
cries - schreit
crocodile - Krokodil, das
crosses - bekreuzigt
cry - weinen
crying - schreiend
cuisine - Küche, die
culinary - kulinarisch
cup - Trinkschale, die
curious - neugierig
customs - Bräuche, die
cut - geschnittenes
cutting the line - sich vordrängen
Dd
dad - Vater, der
daddy - Vater, der
dangerous - gefährlich
daring - gewagten
dark - dunkel
darling - Schatz, der
daughter - Tochter, die
day - Tag, der
daybreak - Tagesanbruch, der
days - Tage, die
dear - Lieber

119

decided - beschloßen
decides - entscheidet
decorations - Dekorationen, die
deep - tief
defect - Defekt, der
definitely - definitiv
deletes - löscht
delicacy - Delikatesse, die
delicious - köstlich
delivery service - Zustelldienst, der
demanding - fordernde
demands - fordert
dental surgery - Zahnklinik, die
dentist - Zahnarzt, der
departing - abfahrend
department - Institut, das
departs - fährt ab
deputy - stellvertretender
deserved - verdient
desk - Tisch, der
despair - Verzweiflung, die
detail - Detail, das
detain - festnehmen
dials - wählt
did - tat
didn't - machte nicht
different - anders
difficult - schwierig
difficulty - Mühe, die
dinner - Abendessen, das
direction - Richtung, die
directly - direkt
director - Leiter, der
dirty - schmutzig
disciplined - diszipliniert
discontentedly - unzufrieden
discuss - diskutieren
dish - Gericht, das
dismiss - entlassen
dismissal - Entlassung, die
dispatchers - Vermittlung, die
dispute - Streit, der
distinctly - deutlich
do - machen

doctor - Arzt, der
documents - Unterlagen, die
does - tut
doesn't - tut nicht
dog - Hund, der
dog's - des Hundes
doghouse - Hundehütte, die
doing - macht
doll - Puppe, die
doll's - Puppenbett, das
dollars - Dollar, der
don't - tue nicht; don't worry - keine Sorge
done - gemacht
door - Tür, die
doorbell - Türglocke, die
doors - Türen, die
dorms - Studentenwohnheim, das
doubt - zweifeln
down - nach unten
drawer - Schublade, die
dream - Traum, der
dreaming - träumt
drink - trinken
drinking - trinkend
drinks - trinkt
driver - Fahrer, der
drives - fährt
driving - fährt
drop by - vorbeischauen
drops - lässt fallen
during - während
dust - Staub, der
Ee
each - jede
earlier - früher
early - früh
earn - verdienen
easier - einfacher
easily - einfach
easy - verständlich, leicht
eat - essen
eating - essend
eight - acht
eight-year-old - achtjährige

either ... or - entweder ... oder
elderly - älterer
electric - elektrisch
electronics - Elektronik, die
elevator - Aufzug, der
eliminate - beheben
e-mail - E-Mail, die
embarrassment - Verlegenheit, die
emotionally - emotional
employee - Angestellte, der
end - Ende, das
ended - ausgegangen
endless - endlos
engine - Motor, der
English - englisch
enjoy - genießen
enough - genug
enters - betreten
enthusiastically - enthusiastisch
entire - ganz
envelope - Briefkuvert, das
environment - Umgebung, die
especially - besonders
essays - Essays, die
eternity - Ewigkeit, die
even - sogar
evening - Abend, der
ever - jemals
every - jeden
everybody - alle
everyone - alle, jeder
everything - alles
exactly - genau
exam - Prüfung, die
examining - überprüft
excellent - großartiges
exchange - austauschen
excitedly - aufgeregt
excrements - Exkremente, die
Excuse me - Entschuldigen Sie
executioner's - Scharfrichter, der
exercise - Übung, die
exhibition - Ausstellung, die
exit - Ausgang, der

exotic - exotisch
expect - erwartet
expensive - teuer
experience - Erfahrung, die
explains - erklärt
explanation - Erklärung, die
explosion - Explosion, die
expression - Ausdruck, der
eyes - Augen, die
Ff
face - Gesicht, das
fact - Tatsache, die
fainted - wurde ohnmächtig
faints - wird ohnmächtig
fall - einschlafen
family - Familie, die
famous - berühmt
fans - Fans, die
far - weit
fat - fett
father - Vater, der
fatter - dicker
faucet - Wasserhahn, der
fault - Schuld, die
favorite - liebsten
fear - Angst, die
feed - füttern
feel - fühlen
feelings - Gefühle, die
feels - fühlt; feels sorry - tut ihr leid
fell in love - verliebte sich
fence - Zaun, der
festive - festlich
few - einige
field - Arbeitsbereich, der
fifteen - fünfzehn
fifth - fünfte
figures - Figuren, die
file - Datei, die
film - Film, der
finally - schließlich
find - finden
fine - hervorragend, großartig
fine print - Kleingedruckte, das

finger - Finger, der
finishes - sagt abschließend
fire - feuern
fired - gefeuert
fireworks - Feuerwerke, die
firm - Firma, die
first - ersten
fish - Fisch, der
fishing - fischen
fit - passt
five - fünf
fix - reparieren
flatter - schmeicheln
flies - fliegt
flight - Flug, der
flip - blättern
flood - Überschwemmung, die
floor - Boden, der
flowerbed - Blumenbeet, das
flowers - Blumen, die
fly - fliegen
foil - Folie, die
following - folgendem
follows - folgt
food - Futter, das
foot - Fuß, der
for - für
forest - Wald, der
forgets - vergisst
forgive - vergeben
forgiven - vergeben
forgot - vergaß
forgotten - vergessen
fork - Gabel, die
form - Formular, das
former - früherer
forty - vierzig
forum - Forum, das
found - gefunden
four - vier
fourth - vierte
frailness - Vergänglichkeit, die
Friday - Freitag, der
fridge - Kühlschrank, der

friend - Freund, der
friends - Freunde, die
frightened - verängstigter
from - von
frown - Stirnrunzeln, das
fruits - Früchte, die
fry - braten
full - voll
funny - lustig
furious - wütend
furiously - wild
further - weiter
Gg
game - Spiel, der
garbage - Müll, der
garden - Garten, der
gate - Tor, das
gather - sammeln
gaze - Blick, der
gently - sanft
get a good night's sleep - durchschlafen
get up - aufstehen
gets off - kommt aus
gets scared - bekommt Angst
getting - wird
gifts - Geschenke, die
girl - Mädchen, das
give - schenken
given - gegeben
gives - gibt
giving - schenkt
glad - glücklich; gladly - erfreut
glances - Blicke, die
glancing - in den Augen behalten
glue - Kleber, der; Klebstoff, der
gluing - kleben
go - gehen
god - Gott, der
goes - geht
going on - passiert
goldfish - Goldfisch, der
gone - weg
good - gut
got - bekommen

gotten - bekommen
grabs - nimmt
grade - Klasse, die
grease - einfetten
great - großer
Greece - Griechenland, das
greets - begrüßt
grow - heranwächst
growl - Knurren, das
growls - knurrt
grows - wächst
guard - Wächter, der
guess - Versuch, der
guest - Gast, der
guilty - schuldig
guy - Junge, der
Hh
had - hatte
hair - Haar, das
half - halbe
hamster - Hamster, der
hands - Hände, die
hang - hängen
hanging - hängt
hangs up - legt auf
happened - passiert
happily - fröhlich
happy - fröhlicher
harshly - schroff
has - hat
have - haben
he - er
head - Kopf, der
healthy - gesund
hear - hören
heard - wird gehört
hears - hört
heavy - schwer
Hebrew - Hebräisch, das
hello - hallo
help - helfen
helps - hilft
her - sie, ihr
here - hier

herself - sich
hesitantly - zögerlich
hi - hallo
highest - höchste
him - ihn, ihm
himself - sich
hint - Hinweis, der
hire - einstellen
his - sein
history - Geschichte, die
hits - klopft
hold - halten
holding - gefasst
holds - hält
home - Zuhause, das
homeless - streunender
hometown - Heimatstadt, die
homework - Hausaufgabe, die
honestly - ehrlich
hope - hoffe
hospital - Spital, das
hotel - Hotel, das
hours - Stunden, die
house - Haus, das
household - Haushalt, der
how - wie
however - jedoch
huge - riesig
hugs - umarmt
human - menschlichen
hundred - hundert
hurricane - Hurrikan, der
hurry - Eile, die
hurt - weh tun
husband - Ehemann, der
Ii
I - ich
I'd - ich würde
I'll - ich werde
I'm - ich bin
if - wenn
ill - krank
immediately - sofort
important - wichtige

impress - beeindrucken
impressed - beeindruckt
impressions - Eindrücke, die
improve - aufhellen
impudence - Unverschämtheit, die
in - in
in front of - vor
incomprehensible - unverständlich
incorrect - falsch
incredibly - unglaublich
indifferent - gleichgültig
influence - Einfluss, der
inner - innere
inquires - fragt nach
inscription - Aufschrift, die
inside - Innere, das
install - installiert
instead - statt
intellect - Verstand, der
intelligence - Intelligenz, die
interest - Interesse, das
interested - interessiert
interesting - interessant
Internet - Internet, das
interrupts - unterbricht
intersection - Kreuzung, die
into - in
introduces - stellt vor
invents - erfindet
invites - lädt ein
iron - Bügeleisen, das
is - ist
isn't - ist nicht
issue - Ausgabe, die
it - es
it's - es ist; it's a pity - es ist schade
its - sein, ihr
itself - sich
Jj
jaw - Kiefer, der
Jerusalem - Jerusalem
job - Job, der
jogging - joggen
joining - beitretend

joke - Spaß machen
journalism - Journalismus, der
joyfully - vergnügt
judge - Richter, der
juice - Saft, der
July - Juli, der
jumps - springt
jurisprudence - Rechtswissenschaft, die
just - nur, gerade
justice - Gerechtigkeit, die
Kk
keeps - behält
kill - töten
kilogram - Kilogramm, das
kind - nette
kindergarten - Kindergarten, der
king - König, der
kisses - küsst
kitchen - Küche, die
knew - wusste
know - weiß
knowing - wissend
knowledge - Wissen, das
knows - weiß
Ll
landscape - Landschaft, die
language - Sprache, die
laptop - Laptop, der
late - spät
lately - in letzter Zeit
later - später
laugh - lachen
laughing - lachend
laughs - lacht
laws - Gesetze, die
lazy - faul
leads - führt
learned - gelernt
leash - Leine, die
leather - Leder, das
leave - lassen
lectures - Vorlesungen, die
left - verlassen
legs - Beine, die

length - Länge, die
lesson - Unterricht, der
let - lässt
letter - Brief, der
level - Niveau, das
library - Bibliothek, die
lid - Deckel, der
lies - liegt
life - Leben, das
light - aufleuchten
like - gerne etwas tun
likes - gerne haben
listening - hört zu
listens - hört zu
literature - Literatur, die
little - klein
lives - lebt
living - Wohnzimmer, das
loading - einladen
loads - lädt
loaf - Laib, der
local - lokalen
lock - sperren
log out - ausloggen
long - lange
look - sehen, schauen
looking - sieht
looks - schaut an
lose - verlieren
loss - Verlust, der
lost - verlaufen
loudest - am lautesten
loudly - laut
love - lieben; loves - liebt
low - niedrig
lower - niedriger, nach unten
lowermost - unterste
luck - Glück, das
luggage - Gepäck, das
lunch - Mittagessen, das
lying - liegend
Mm
Madam - Madame, die
magazines - Zeitschriften, die

magnificent - großartige
main - Haupt-
man - Mann, der
manager - Geschäftsführer, der
manages - zurechtkommen
market - Markt, der
marks - Noten, die
married - verheiratet
marry - heiraten
Mars - Mars
masks - Masken, die
masterpiece - Meisterwerk, das
mating - Paarung, die
matter - Angelegenheit, die
may - vielleicht
maybe - vielleicht
me - mir, mich
meal - Essen, das
mean - meinst
meaning - Bedeutung, die
means - bedeutet
meanwhile - inzwischen
medical - medizinisch
medieval - mittelalterlich
medium-sized - mittlere
meet - treffen
meeting - treffen
members - Mitglieder, die
menu - Speisekarte, die
meows - miaut
merrily - fröhlich
message - Nachricht, die
met - getroffen
metal - Metall, das
meters - Meter, die
mice - Mäuse, die
middle - Mitte, die
millions - Millionen, die
mind - Verstand, der
minutes - Minuten, die
mirror - Spiegel, der
misses - vermisst
missing - fehlen
mistake - Fehler, der

mister - Herr, der
mixed up - verwechselt
modern - modern
modest - bescheiden
mom - Mutter, die
moment - Moment, der
money - Geld, das
month - Monat, der
mood - Stimmung, die
mop - Mopp, der
more - mehr; more strictly - strenger
moreover - zudem
morning - Morgen, der
most famous - berühmteste
most interesting - interessanteste
mother - Mutter, die
mountain - Berg, der
mouse - Maus, die
mouth - Mund, der
move - bewegen
movie - Film, der
much - viel
museum - Museum, das
mushroom - Pilz, der
music - Musik, die
must - müssen
my - meine
myself - ich selbst
Nn
name - Name, der
named - heißt
nanny - Kindermädchen, das
national - national
near - nahe
nearby - in der Nähe
nearest - nächsten
need - brauche
needs - braucht
neighbor - Nachbar, der
neighboring - in der Nachbarschaft
nervous - nervös
never - nie
nevertheless - trotzdem
new - neu

news - Neuigkeiten, die
newspaper - Zeitung, die
next to - neben
nickname - Spitzname, der
night - Nacht, die
no - kein, nicht
nobody - niemand
nods - nickt
noise - Lärm, der
noon - Mittag, der
north - Norden, der
not - nicht
note - Notiz, die
notebooks - Notizbücher, die
nothing - nichts
notices - bemerkt
now - jetzt
number - Kennzeichen, das
Oo
obedient - gehorsam
objects - Gegenstände, die
obligatory - verpflichtend
obvious - offensichtlich
of course - natürlich
offer - anbieten
office - Büro, das
often - oft
OK - in Ordnung
okay - in Ordnung
old - alt
oldest - älteste
omelette - Omelett, das
on business - geschäftlich
one - ein
only - nur
ooh - oh
Opel - Opel, der
open - öffnen
opinion - Meinung, die
option - Möglichkeit, die
or - oder
ordinary - gewöhnlich
organization - Organisation, die
other - anderen

our - unsere
out - heraus
outraged - empört
outside - draußen
outward - äußere
oven - Backrohr, das
over - über
overcome - bewältigen
overtakes - überholt
own - eigener
owner - Besitzer, der
owners - Besitzer, die
Pp
pack - packen
package - Packung, die
packet - Packung, die
paid a compliment - ein Kompliment gemacht
painting - malen
pale - bleich
papers - Papiere, die
parents - Eltern, die
park - Park, der
pass - vergehen
passes - vorbeikommt
passion - Leidenschaft, die
past - vorbei
patiently - geduldig
paw - Pfote, die
pay attention - beachten
pays a visit - besucht
peace - Friede, der
people - Leute, die
perfectly - perfekt
perhaps - vielleicht
period - Zeitraum, der
person - Person, die
pet - Haustier, das
pets - Haustiere, die
petting - steichelt
phone - anrufen
phones - ruft an
photos - Fotos, die
phrase - Satz, der

pick - sammeln
picnic - Picknick, das
picture - Bild, das
pile - Stapel, der
place - Ort, der
plane - Flugzeug, das
plastic - Plastik, das
plate - Teller, der
platform - Bussteig, der
play - spielen
playing - gespielt
plays - spielt
please - bitte
pleasure - Vergnügen, das
plug - Stecker, der
poems - Gedichte, die
poetry - Poesie, die
point - Stelle, die
points - zeigt
policeman - Polizist, der
politely - freundlich
poor - schlecht, arm
poorly - schlecht
porcelain - Porzellan, das
possible - möglich
post - posten
postcards - Postkarten, die
praise - loben
prank - Streich, der
pray - beten
prepare - zubereite
preparing - macht sich auf
present - Geschenk, das
presses - drückt
pretty - ziemlich
print - Druck, der
probably - wahrscheinlich
probation period - Probezeit, die
problem - Problem, das
professional - Fachmann, der
professor - Professor, der
profile - Profil, das
proud - stolz
proudly - stolz

prove - beweisen
public - öffentlichen
pulls - zieht
purchases - Einkäufe, die
purring - schnurrend
pushing - drücken
put - setzen, legen, stellen
Qq
questions - Fragen, die
quickly - schnell
quiet - leise
quietly - leise
quite - ziemlich
quiz - abprüfen
Rr
radio - Funk, der
random - zufällig
rare - selten
rarely - selten
rats - Ratten, die
reach - erreichen
react - reagieren
reading - liest
reads - liest
ready - bereit
real - wirklich
realizes - merkt
really - wirklich
recalls - erinnert
receive - erhält
recently - vor kurzem
recipe - Rezept, das
recognize - erkenne wieder
recommends - empfiehlt
red - rot
refuses - weigert
relative - Verwandte, der
remain - bleiben
remember - erinnern
remind - erinnerst
repeats - wiederholt
replies - antwortet
required - vorgeschriebenen
rescuer - Retter, der

resolve - lösen
rest - Pause, die
restaurant - Restaurant, das
restless - unruhig
retells - wiederholt
returns - kommt zurück
revenge - Rache, die
revive - wiederbeleben
right here - gleich hier
ringing - läuten
rings - klingelt
rips - reißt
risk - Risiko, das
river - Fluss, der
road - Straße, die
robert's - Roberts
romantic - romantisch
room - Zimmer, das
rope - Seil, das
rubber - Gummi, der
run - rennt
running - Laufen, das
runs - rennt
rushed - losgestürzt
Ss
sad - traurig
sadly - traurig
said - gesagt
Saint - Heilige, der
salary - Gehalt, das
salesman - Verkäufer, der
saleswoman - Verkäuferin, die
same - gleichen
samples - Proben, die
satisfied - zufriedene
sausage - Wurst, die
saved - gerettet
saw - gesehen
says - sagt
scene - Szene, die
school - Schule, die
schoolmate - Schulfreund, der
scissors - Schere, die
scolding - kritisieren

scolds - schimpft
scoundrel - Schurke, der
screen - Bildschirm, der
sculpture - Skulptur, die
sea - Meer, das
seals - verschließt
seat - Sitzplatz, der
second - zweite
secretary - Sekretär/in, der/die
secretly - heimlich
see - sehen
seems - es scheint
sees - sieht
seldom - selten
sell - verkaufen
send - senden
sense - Verstand, der
sensible - vernünftig
sent - gerufen
sentences - Sätze, die
separated - getrennt
serious - ernst
seriously - ernst
settles down - es sich bequem machen
seventy - siebzig
several - einige
shakes - schüttelt
shall - sollen
shaman - Schamane, der
she - sie
sheet - Blatt, das
shining - scheint
shoes - Schuhe, die
shop - Laden, der
short - kurz
should - sollte
shouting - schreien
shouts - schreit
shown - gezeigt
shows - zeigt
shy - schüchtern
shyly - schüchtern
sick - krank
side - Seite, die

sighs - seufzt
sights - Sehenswürdigkeiten, die
silent - still
silly - dumm
similar - ähnlich
simple - einfach
simply - einfach
since - seit
sing - singen
singing - singend
single - einzigen
sis - Schwester, die; Schwesterherz, das
sister - Schwester, die
sits - setzt sich
sitting - sitzt
situation - Situation, die
six - sechs
size - Größe, die
sleep - schlafen, schläft; sleeps [sˈliːps] - schläft
sleeping - schlafend
sleepy - schläfrig
slightly - ein wenig
slowly - langsam
sly - verschmitzt
slyly - verschmitzt
small - kleines
smart - intelligent
smell - Geruch, der
smiles - lächelt
smoke - Rauch, der
snack - Snack, der
snowing - schneit
so - so
socket - Steckdose, die
sold - verkauft
solution - Lösung, die
some - einige
somebody - irgendjemand
someone - jemandem
something - etwas
sometimes - manchmal
somewhere - irgendwo
son - Sohn, der

soon - bald
soul - Seele, die
sounds - klingt
soup - Suppe, die
Spanish - Spanisch
spare time - Freizeit, die
Sparta - Sparta
speak - sprechen
speaks - spricht
specialty - Spezialität, die
speed - Geschwindigkeit, die
spend - verbringen
spending - ausgeben
spends - verbringt
spirit - Stimmung, die
splashes - bespritzt
splattered - bespritzt
spoil - ruinieren
spoke - gesprochen
spot - erwischen
spring - Frühling, der
stabs - spießt
stairs - Stiegen, die
stands - steht
stares - starrt
starts - beginnt
station - Busbahnhof, der
stay - bleiben
stays - bleibt
stepped - stieg
sticking out - hervorstehend
still - immer noch
stolen - gestohlen
stop - aufhören
store - Laden, der
stories - Geschichten, die
story - Geschichte, die
straight - direkt, gerade
strain - Anstrengung, die
strange - seltsam
strangely - seltsam
street - Straße, die
stretch - dehnen
strict - streng

strictly - streng
strong - stark
strongly - stark
student - Student/Studentin, der/die
studies - Studien, die
study - lernen
studying - studiert
stupid - blöde
style - Stil, der
subject - Unterrichtsfach, das
subway - U-Bahn, die
succeeds - hat Erfolg
successfully - erfolgreich
such - solch
suddenly - plötzlich
suggests - schlägt vor
suitable - geeignet
suitcase - Koffer, der
suitcases - Koffer, die
sum - Betrag, der
summer - Sommer, der
sun - Sonne, die
sunbathing - sonnenbaden
Sunday - Sonntag, der
supermarket - Supermarkt, der
supervising - überwachend
supports - gibt Halt, hält fest
supposes - nimmt an
sure - sicher
surgery - Arztpraxis, die
surprise - überraschen
surprised - überrascht
sweets - Süßigkeiten, die
swimming - schwimmen; swimming pool - Schwimmbad, das
swimsuit - Badeanzug, der
switch off - ausschalten
symbol - Symbol, das
Tt
table - Tisch, der
tablet - Tablet, das
tail - Schweif, der
take - nehmen
takes - nimmt

taking - spricht
talent - Talent, das
talk - sprechen, reden
talking - sprechend
talks - spricht
tall - hoch
task - Aufgabe, die
taste - probieren
tasty - lecker
taxi - Taxi, das; taxi service - Taxiunternehmen, das
tea - Tee, der
teacher - Lehrer, der
teaches - unterrichtet
telephone - Handy, das
telling - sagt
tells - erzählt
temper - Temperament, das
temporary - vorübergehend
ten - zehn
tenth - zehnten
term - Ausdruck, der; nennen
terrible - schrecklich; terribly - fürchterlich
test - Test, der
text - Text, der
textbook - Arbeitsbuch, das
than - als
thank - danken
that - dass
that's - das ist, so
the - der, die, das
their - ihr, ihre
them - sie, ihnen
theme - Thema, das
themselves - sie selbst
then - dann
there - dort
these - diese
they - sie
thing - Ding, das
thinks - denkt
third - dritte
thirteen - dreizehn
this - diese

those - diese
though - jedoch
thought - dachte
thoughtfully - nachdenklich
thoughtlessly - gedankenlos
thoughts - Gedanken, die
thread - Faden, der
three - drei; three o'clock - drei Uhr
threw - geworfen
through - durch
throw out - wegwerfen
ticket - Ticket, das
tie - binden
ties - bindet
tight - fest
tightly - fest
till - bis
tilted - geneigt
time - Zeit, die
tiptoe - Zehenspitzen, die
tired - müde
to - in, nach, zu
today - heute
together - zusammen
told - gesagt
tomato - Tomate, die
tomorrow - morgen
tone - Ton, der
too - auch
took - nahm
tooth - Zahn, der
toothache - Zahnschmerzen, die
top - Spitze, die
top-notch - erstklassig
tore - zerriss
tourniquet - Tourniquet, das
towards - zu
towel - Handtuch, das
town - Stadt, die
toys - Spielzeuge, die
traditions - Traditionen, die
train - Zug, der
trained - trainiert
tram - Straßenbahn, die

translate - übersetzen
translation - Übersetzung, die
transportation - Verkehrsmittel, die
trash - Müll, der
traveling - reist
treats - behandelt
tree - Baum, der
tries - versucht
triumphs - siegt
trucks - Lastwägen, die
true - wahr
trunk - Kofferraum, der
truth - Wahrheit, die
try - versuchen; try hard - sich sehr bemühen
trying - versucht
tube - Tube, die
Tuesday - Dienstag, der
tulips - Tulpen, die
tunnel - Tunnel, der
turns - dreht
twenty - zwanzig
Twitter - Twitter
two - zwei
Uu
unchecked - unkorrigiert
uncivilized - unzivilisiert
uncle - Onkel, der
under - unter
understand - versteht; understands - versteht
understood - verstand
uneasy - unruhig
unexpectedly - unerwartet
unfortunately - unglücklicherweise
uniform - Uniform, die
university - Universität, die
unpleasant - unerfreulich
unusual - ungewöhnliche
unusually - ungewöhnlich
upset - traurig
urgently - dringend
us - uns
uses - benutzt

using – verwendet
usually - normalerweise
Vv
vacation - Urlaub, der
vaccinations - Impfungen, die
valuable - wertvoll
various - verschiedene
vegetables - Gemüse, das
very - sehr
village - Dorf, das
visit - besucht
visiting - besucht gerade
voice - Stimme, die
Ww
wadding - Fütterung, die
wait - warten
waiter - Kellner, der
waiting - wartet
wakes up - wacht auf
walk - Spaziergang, der; walking - gehend, spazierend
walk the dog - mit dem Hund Gassi gehen
want - wollen; wants - will
warn - Bescheid sagen
was - war
washes - wäscht
wasn't - war nicht
waste - vergeuden
watch - aufpassen
watches - beobachtet
watching - beobachtet
water - Wasser, das
way - Art, die
we - wir
weather - Wetter, das
Wednesday - Mittwoch, der
week - Woche, die
weekend - Wochenende, das
well - gut
well-fed - gut gefüttert
went - ging
were - wärst
what - was
wheel - Laufrad, das

when - wann
where - wo
which - welche
while - während
white - weiß
who - wer
whole - ganz
why - warum
wide-eyed - mit großen Augen
widely - weit
wife - Ehefrau, die
will - werden
window - Fenster, das
wipe off - abwischen
wisest - weiseste
with - mit
without - ohne
woman - Frau, die
wonder - wundert
wonderful - wunderbar
wood - Holz, das
word - Wort, das
work - Arbeit, die
working - arbeiten

workplace - Arbeitsplatz, der
works - arbeitet
worried - besorgt
worry - Sorge, die
would - würde
wrap - einpacken
writer - Schriftsteller, der
writes - schreibt
written - geschrieben
wrote - schrieb

Yy
yard - Hof, der
year - Jahr, das; years - Jahre, die
yellow - gelb
yes - ja
yesterday - gestern
yet - schon
you - du, Sie
you're - du bist, Sie sind; you're welcome - gern geschehen
young - jung; younger - jünger
your - dein

Zz
Zeus - Zeus

Recommended Books

Second German Reader
Bilingual for Speakers of English
Pre-Intermediate Level
by Elisabeth May

Discover the Power of the ALARM Method
Second German Readers is a Beginner and Pre-Intermediate level graded reader to learn German language easier and faster. If you already have background with German language, this book is the best one to try. It makes use of the so-called ALARM or Approved Learning Automatic Remembering Method to efficiently teach its reader German words, sentences and dialogues. Through this method, a person will be able to enhance his or her ability to

remember the words that has been incorporated into consequent sentences from time to time. By practicing this method, German can be learned in a fun and convenient way. You will learn German vocabulary without hassle with parallel English translation. Audio tracks available on the publisher's homepage free of charge will teach you German pronunciation. You will have fun learning German through this book because you will comprehend everything. You will be able to understand and create German dialogues as well. Second German Reader is ultimately comprehensive because each chapter is created with words explained in previous ones and with as few as possible new words. The author of this book used every opportunity to use the words used in the previous chapters to explain the succeeding chapter. This way, the reader will be able to understand every single detail of the book. Learning through this Second German Reader is like attending a sophisticated step-by-step lecture of Pre-Intermediate level. There is also First German Reader for complete beginners that was made in the same way. Those who do not have any background about German should start with First German Reader before moving on to Second German Reader.

***

Made in the USA
Middletown, DE
09 October 2015